국제경제와 무역론 이해를 위한
기초 개념과 기본 분석 도구

국제경제와 무역론 이해를 위한 기초 개념과 기본 분석 도구

초판1쇄 인쇄 2022년 3월 15일
초판1쇄 발행 2022년 3월 22일

지 은 이 서정수

펴 낸 이 신일희
펴 낸 곳 계명대학교출판부
출판등록: 제347-1998-1호(1970. 9. 1.)
주소: 대구광역시 달서구 달구벌대로 1095
대표전화: 053-580-6233 팩스: 053-580-6235
홈페이지: www.kmupress.com

ISBN 979-11-6516-130-9 93320 정가 13,000원

국제경제와 무역론 이해를 위한
기초 개념과 기본 분석 도구

서 정 수

계명대학교 출판부

머리말

무역을 통해 급속한 경제 성장을 주도한 한국의 대학생들에게 국제경제론, 국제무역론 및 통상정책론은 통상학 혹은 무역학을 전공하기 위해 마치 필수 불가결의 과정처럼 취급되었다. 그러나 이들 과목 중에서 특히, 국제무역론 및 통상정책론은 엄격한 의미에서 튼튼한 미시경제학적인 기반, 수리적인 이해 능력과 더불어 논리적인 사고가 곁들여져야 수강의 효율성을 높일 수 있다고 생각된다.

그러나 교육과정의 변천을 통해 학생들 사이에서 소위 '수학 포기자'라고 하는 말이 돌 정도로 수학은 학생들이 선뜻 선호하지 않는 과목으로 자리 잡게 되었고, 이런 성향을 가진 학생들에게 국제경제론, 국제무역론 및 통상정책론을 가르칠 때 학생들이 교과목에 대한 흥미를 유지하도록 하면서 교육의 효과를 달성한다는 것은 커다란 도전과제 중의 하나이다.

오랜 기간 국내에서 이들 강좌를 대학 학부생들을 상대로 진행하다 보니 학생들의 수리적인 개념을 그림이라는 기하를 사용하여 접근하게 된다. 어찌 생각해보면 그림으로 표시되는 기하를 쉽게 이해할 수 있을 것이라는 잘못된 선입견에서 무작정 그림에 대한 세부적인 설명이 없이 강좌를 곧바로 진행하게 되는 오류를 범하게 된다.

경제학자 혹은 이런 과목을 담당하는 교수님들은 오랜 훈련과 지식을 바탕으로 전공 분야에서 쉽게 그리고 빈번히 사용하는 개념과 모형이지만 이를 처음 접하는 학생들에게는 커다란 도전 과제라고 하지 않을 수 없다.

사실 이들 강좌의 초기에 사용하게 될 그림의 도출 과정 혹은 각각의 그림들이 의미하는 경제학적인 의미, 국제경제론과 국제무역론의 관점에서 가지는 의미를 조금의 시간을 할애하고 투자하여 설명할 수 있으면 그 이후에 다루게 되는 많은 강의의 내용을 학생들이 상대적으로 조금 쉽게 이해할 수 있게 됨으로써 막연히 암기하려고 하는 성향과 노력을 탈피할 수 있을 뿐만 아니라 논리적인 사고를 배양할 수 있을 것으로 기대할 수 있다.

이 책은 이런 목적을 가지고 집필되었다. 가급적이면 많지 않은 분량, 꼭 필요한 내용만을 다루었다. 그리고 가급적이면 관련된 내용을 상세히 설명하려고 노력하였다. 그러나 이 책은 여전히 부족한 부분이 많으며 나아가 국제경제론, 국제무역론 및 통상정책론을 대체할 수는 없다는 것은 자명하다. 그럼에도 불구하고 단순히 모든 강좌의 첫 몇 주에 진행하는 강의 내용을 충분히 보충 및 보완해 줄 수 있는 유용한 내용이라고 생각한다.

부족한 점들을 조금씩 개선하고 빈 곳을 채워 나가면 향후에는 더 나은 형태로 학생들의 흥미를 자극하는 책으로서 자리를 잡게 되리라 생각하며 그날이 속히 오기를 기대해 본다.

계명대학교 서정수

차 례

Chapter

I

그래프의 이해

국제경제와 무역론 이해를 위한
기초 개념과 기본 분석 도구

Chapter

I

그래프의 이해

1. 함수와 그래프

X와 Y 사이에 존재하는 함수[1]가 다음과 같이 방정식으로 주어져 있다고 가정하자.

$$Y = a + bX \qquad \text{(Eq. 1-1)}$$

여기서 X와 Y는 변수이며 a와 b는 상수

식(Eq. 1-1)에 포함된 몇 가지 기본적인 내용을 인지할 필요가 있다.

1 엄격한 의미에서 함수란 X와 Y 사이에 특정하게 존재하는 양적인 관계를 나타내는 반면 방정식은 좌변과 우변이 동일하다는 것을 나타낸다. 식(Eq. 1-1)은 방정식이라고 할 수 있지만 엄격한 의미에서는 X의 수에 대응하는 Y 수 사이에 선형 관계가 있다는 것을 보여주는 함수이다. 여기서 선형이라는 의미는 Y 혹은 X의 최고 차수가 1이라는 의미이다.

먼저, 변수

변수(variable)란 일반적으로 수식에 따라 변하는 값을 나타내는 문자이다. 즉, 변수란 변하는 숫자로서 다양한 값을 대입할 수 있기 때문에 고정되지 않은 수라고 할 수 있는데, 그렇기 때문에 어떤 정해지지 않은 임의의 값을 표현하기 위해 사용하는 '기호'라고 할 수 있다. 반면, 통계학에서 말하는 변수는 우리가 관찰, 조사 및 연구하고 싶어 하는 대상의 특성을 나타낸다.

식(Eq. 1−1)로 표현된 함수의 우변에 나타나는 X는 외생변수(exogenous variable) 혹은 독립변수(independent variable)라고 부른다. 일반적으로 외생변수 X가 취할 수 있는 값의 범위(domain 혹은 변역 혹은 정의역[2]이라고 함)는 실수이기 때문에 보통 식(Eq. 1−1)을 나타낸 그래프 상에서 외생변수 X의 값은 수평축에 표시한다.

식(Eq. 1−1)에 주어진 함수의 좌변에 나타나는 변수 Y를 내생변수(endogenous variable) 혹은 종속변수(dependent variable)라고 한다. 여기서 내생이라는 말은 외생변수인 X가 특정한 값을 취할 때 Y가 취하는 값이 식(Eq. 1−1)에 의해서 결정된다는 의미이다. 일반적으로 내생변수 Y가 취할 수 있는 값의 범위(치역이라고 하며 영어로는 range라고 함)는 실수이기 때문에 식(Eq. 1−1)을 나타낸 그래프 상에서 내생변수 Y의 값은 수직축에 표시한다.

위에 주어진 식(Eq. 1−1)에서 '외생변수 X와 내생변수 Y 사이에는 1

2 정의역(domain)이라는 의미는 독립변수 X가 취할 수 있는 (실수) 값의 범위라고 할 수 있다.

대1의 대응 관계(혹은 함수 관계)가 있다'라고 한다.[3]

식(Eq. 1−1)에 표현된 방정식의 우측에 있는 내생변수 Y와 좌측에 있는 외생변수가 아닌 문자 a와 b가 있다. 이들을 흔히 매개변수(파라미터(parameter))라고 부르는데, 이들은 주어진 함수의 특정한 성질을 나타낸다. 즉, 매개변수 a와 b에 수를 대입하면 특정한 방정식(혹은 함수)을 만들 수 있다. 우리나라에서는 흔히 a와 b를 상수(constant)라고 칭하고 있다.[4]

식(Eq. 1−1)로 표현된 방정식에 포함된 매개변수 중에서;

a: 이를 절편(영어로는 intercept)이라고 부르며 독립변수(혹은 외생변수) X가 0의 값을 취할 때 종속변수(혹은 내생변수) Y가 취하는 값을 나타낸다.

b: 기울기(영어로는 slope)라고 하고, 보통 국제경제학, 국제무역론 혹은 통상정책론(이하, 무역론)을 비롯한 경제학 일반에서 기울기는 '한계(marginal)'라는 의미를 가진다고 말한다. 이 기울기는 때때로 접선의 기울기 (gradient 혹은 tangent line)이라고 부르기도 하는데 곡선[5]

---

3 독립변수와 종속변수 사이에 1대1의 관계가 있다는 것을 일반적인 용어로 두 변수 사이에는 함수 관계가 있다고 한다. 즉, 종속변수 Y는 독립변수 X의 함수이다. 함수라는 말은 흔히 맵핑(mapping)한다고 하거나 혹은 변환(transformation)이라는 말을 사용하여 표현하기도 한다(Chiang, A. 1974).

4 식(Eq. 1−1)과 같이 문자 상수를 포함한 방정식을 문자방정식(literal equation)이라고 한다. 또한 식(Eq 1−1)은 내생변수 X와 외생변수 Y에 대해 1차 항, 즉 X^2 혹은 Y^2 등과 같이 표현되어 있지 않기 때문에 선형방정식(linear equation)이라고 부르기도 한다.

5 일반적으로 직선(line)의 기울기를 지칭하지만 넓은 의미의 곡선(curve)은 직선(line)을 포함하기 때문에 곡선의 기울기라고 부른다.

의 경사도를 표시한다. 이 기울기는 독립변수가 한 단위 변화할 때 (이를 보통 X =1이라고 표시하거나 $\Delta X=1$이라고 표시함) 종속변수가 변화하는 크기 혹은 양(Y = b 혹은 $\Delta Y=b$)을 나타낸다. 흔히 알고 있는 그래프를 빌려서 이야기하면 기울기는 곡선 상의 두 점을 고려할 때 Y 값에 해당하는 값의 차이인 높이를 독립변수 X의 차이인 밑변의 길이로 나눈 값에 해당한다.

즉, 이를 수식으로 나타내면 다음과 같이 표현할 수 있다.

$$\frac{\Delta Y}{\Delta X} = \frac{b}{1} = b \qquad \text{(Eq. 1-2)}$$

식(Eq. 1–2)에서 기울기 b의 방향(즉 양수인지 혹은 음수인지의 여부)은 X가 변화할 때 Y가 변화는 방향을 나타냄으로써 X와 Y 사이의 관계 설정에 중요한 역할을 수행한다.

만약 기울기 b가 양수인 경우에는 독립변수와 종속변수의 변화가 동일한 방향으로 움직이고, 음수인 경우에는 상호 반대 방향으로 움직인다는 것을 나타낸다.

기울기(b)는 독립변수 X가 한 단위씩 (increment) 변화하는 것이 아니라 아주 작게 변할 때 혹은 미세하게 변화할 때 ('이를 0보다는 크지만 0에 가까운 변화라고 하고 영어로는 변화량이 "infinitesimally small"일 때'라고 함), 즉 X의 변화량이 무한히 적을 때 Y가 변화하는 정도를 나타낸다. 따라서 이를 한계(marginal)변화율이라고 지칭한다.

일반적으로 외생변수 X에 매우 가까울 때 그러나 0은 아닐 때, 즉 X

가 미세하게 변할 때 이를 $X \approx 0$와 같이 표현하고 d를 사용하여 dX로 표시한다. X의 미세한 변화에 따른 종속변수 Y의 변화량도 d를 사용하여 dY 표시하는데 이 경우 dX와 dY를 사용한 기울기(b)는 다음과 같이 나타낸다.

$$\frac{\Delta Y}{\Delta X} \approx \frac{dY}{dX} = b$$

즉 미분(derivative, 微分)[6] 혹은 미분계수 b로 표시할 수 있다. 이 경우에도 b는 여전히 기울기를 나타낸다.

위에 주어진 식(Eq. 1-1)의 함수는 독립변수 X와 종속변수 Y 사이에 선형 관계(linear relationship)가 있다고 말한다.

예제 1

$$Y = 2 + 10X \qquad \textbf{(Eq. 1-3)}$$

(1-1) 이 방정식의 Y절편은 무엇인가?

(1-2) 이 방정식의 기울기는 얼마인가?

---

6 미분은 영어로는 differentiation이라고 표현하는데, 미분은 함수에서 주어진 인자 혹은 독립변수의 변화에 대해서 대응하는 종속변수의 반응 정도, 즉 변화율을 나타내고 함수 상의 한 점에서 곡선의 기울기를 나타낸다. 따라서 곡선의 기울기는 엄격히 말하면 미분(differentiation)를 통해 얻어진 미분계수(derivative), 즉 도함수를 칭하지만 흔히 미분(derivative)이라고 간단히 부른다.

예제 2

소비자의 소비(Consumption : C)를 나타내는 소비 방정식 혹은 소비 함수(Consumption Function이라고 함)가 다음과 같이 주어져 있다고 가정하자.

$$C = 20 + 0.8\,YD \qquad \textbf{(Eq. 1-4)}$$

여기서 C는 소비(금액, $)를 나타내며 YD는 가처분소득(금액, $)을 나타낸다.

(1-1) 위의 소비함수에서 절편은 얼마인가?

(1-2) 그 절편이 갖는 의미는 무엇이라고 할 수 있는가?

(1-3) 위의 소비함수에서 기울기는 얼마인가?

(1-4) 그 기울기는 무엇을 나타내는가?

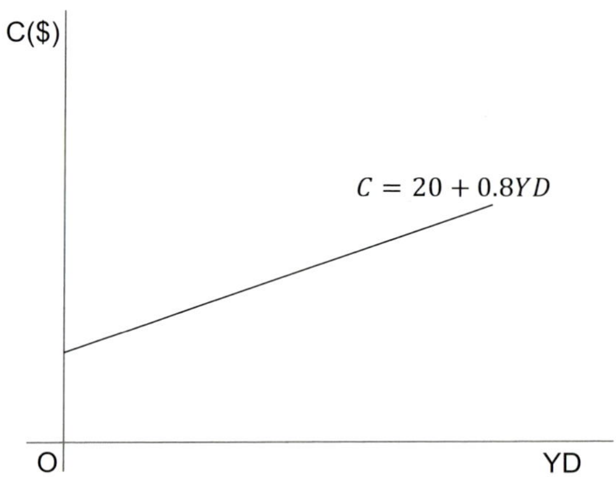

〈그림 1-1〉 소비함수

식(Eq. 1−4)에 주어진 이 소비함수 C를 수직축 (즉, 내생변수 Y로 취급), 가처분 소득 YD를 수평축(즉, 외생변수 X로 취급)에 두고 그래프로 나타내면 〈그림 1−1〉과 같다.

예제 3

특정 재화를 생산하는 데 발생하는 생산비용(costs of production: C) 함수가 아래와 같이 주어져 있다고 가정하자.

$$C = 10 + 2Q \qquad \textbf{(Eq. 1–5)}$$

여기서 C는 총생산비용을 나타내고 Q는 생산량을 나타낸다.

(1−1) 이 생산비용 함수에서 절편은 얼마인가?

(1−2) 이 절편은 무엇을 의미하는가? 즉, 생산량이 없음에도 부과해야 하는 비용을 무엇이라고 하는가?

(1−3) 위의 함수에서 생산량(Q)이 200일 때 총생산비용(C)은 얼마인가?

(1−4) 위의 생산비용 함수에서 기울기는 얼마인가?

1) 이 기울기는 무엇을 나타내는가?

2) 생산량이 증가 혹은 감소함에 따라서 변화는 생산비용을 무엇이라고 하는가?

3) 생산량이 1단위 변화할 때 변화하는 생산비용은 얼마인가?

위의 식(Eq. 1−5)로 주어진 생산비용 함수 C를 수직축, Q를 수평축으로 하는 그래프로 나타내면 아래 그림과 같다.

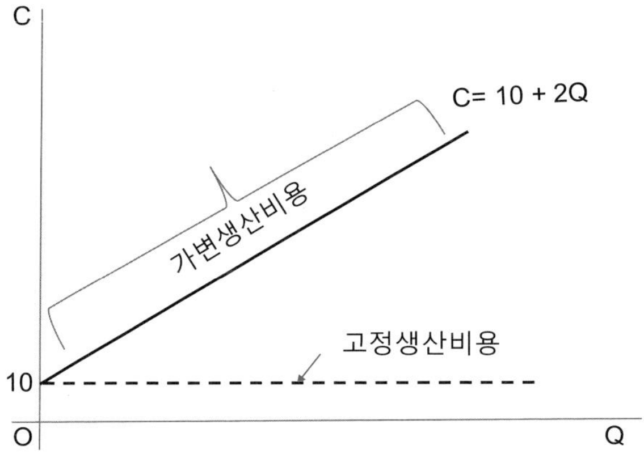

〈그림 1–2〉 생산비용 곡선

위의 〈그림 1–2〉에서 보는 바와 같이 생산자가 재화의 생산이 전혀 이루어지지 않음에도 불구하고 부담해야 하는 비용을 고정비용(fixed costs: FC)이라고 하며, 생산량이 변화(증가 혹은 감소)함에 따라 변하는 생산비용을 가변생산비용 혹은 가변비용(variable costs: VC)이라고 한다.

고정비용은 생산량에 상관없이 항상 일정하다. 따라서 생산량이 증가하면 단위당 고정비용은 감소한다. 예를 들면, 새로운 비즈니스를 시작하기 위해 건물을 임대한다면 임대료는 생산량과 무관하게 항상 일정하므로 고정비용에 해당한다.

가변비용은 생산을 시작함에 따라서 즉시 변화하게 되는데, 생산량이 많아지면 가변비용은 증가하고 생산량이 감소하면 가변비용은 줄어든다. 어떤 제품을 생산하기 위해 사용하는 원자재 등의 재료비용, 전기료, 물세 등은 가변비용에 해당한다.

가변비용 중에는 재화의 생산이 한 단위씩 증가할 때마다 증가하는 비용이 있는데 이를 한계생산비용(marginal cost of production) 혹은 한계비용(marginal costs: MC)이라고 한다. 한계비용은 정확하게 말하면 재화의 생산이 한 단위씩 변화할 때 변하는 총비용(total costs)이라고 정의하고 수식으로는 다음과 같이 표현한다.

$$MC = \frac{\Delta C}{\Delta Q} = \frac{\Delta (FC + VC)}{\Delta Q} = \frac{\Delta FC}{\Delta Q} + \frac{\Delta VC}{\Delta Q} \quad \textbf{(Eq. 1–6)}$$

그러나 고정비용은 생산량이 변해도 변화가 없으므로 $\frac{\Delta FC}{\Delta Q} = 0$이 된다. 따라서 식(Eq.1–6)은 다음과 같이 표현할 수 있다.

$$MC = \frac{\Delta C}{\Delta Q} = \frac{\Delta VC}{\Delta Q} \qquad \textbf{(Eq. 1–6')}$$

식(Eq. 1–5)에 주어진 생산비용 함수에서 한계비용은 아래와 같다.

$$MC = \frac{\Delta C}{\Delta Q} = \frac{\Delta (10 + 2Q)}{\Delta Q} = \frac{\Delta (2Q)}{\Delta Q} = 2$$

이 경우 한계생산비용은 2로써 생산량에 상관없이 한계비용은 일정하다. 그러나 한계비용이 항상 이와 같이 일정한 상수로 나타나는 것은 아니다.

예제 3 (계속)

(1-4) 위의 생산비용 함수를 나타내는 식(Eq. 1-5)에서 평균생산비용 (average production costs)을 아래와 같이 정의할 때 평균생산비용 곡선을 도출하여라.

평균생산비용은 다음과 같이 정의된다.

$$\text{평균생산비용} = \frac{\text{총생산비용}}{\text{생산량}} = \frac{Q}{C}$$

이를 고려하여 식(Eq. 1-5)에서 평균생산비용을 도출하면 아래와 같다.

$$AC = \frac{C}{Q} = \frac{10+2Q}{Q} = \frac{10}{Q} + 2 \quad \textbf{(Eq. 1-5')}$$

여기서 AC는 평균생산비용(average costs)을 나타낸다.

위의 식 (Eq. 1-5')로 도출된 평균생산비용 곡선을 그래프로 표시하면 〈그림 1-3〉과 같이 표현할 수 있다.

〈그림 1-3〉에 주어진 평균생산비용 곡선을 보면 생산자의 평균 비용은 생산량이 늘어남으로 인해 지속적으로 하락하는 것을 관찰할 수 있다. 즉, 생산자는 생산량을 무한히 늘리려고 하는 일종의 인센티브(혹은 이유)가 있다고 할 수 있으며 이를 통해 다른 생산자들보다 낮은 생산비로 시장에 공급하려고 할 것이다.[7]

7 생산자가 무한히 생산량을 늘려 다른 경쟁자들보다 낮은 가격으로 시장에 공급하게 되면 궁극적으로 시장에 하나의 공급자가 존재하는 독점자가 될 수 있다. 즉 시장의 형태가 독점(monopoly)으로 변할 수 있다.

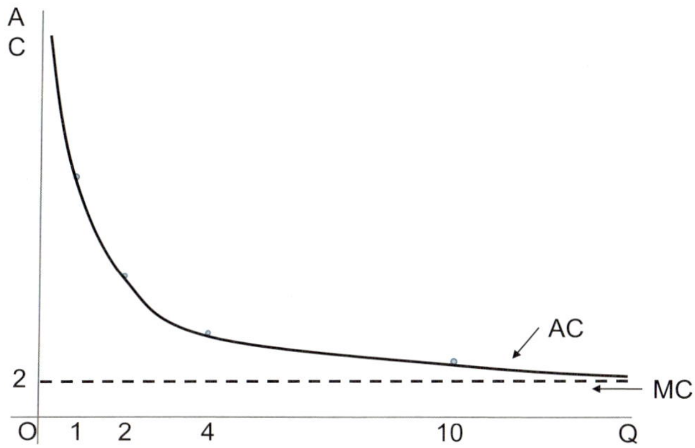

〈그림 1-3〉 평균생산비용 곡선과 한계비용곡선

2. 확정적 관계와 확률적 관계

지금까지의 내용을 조금 더 발전시켜 보고자 한다.

식(Eq. 1-1)로 주어진 함수를 비롯한 다른 함수는 독립변수와 종속변수와 사이에 1대 1의 관계가 주어진 매개변수 a와 b에 의해 확정적으로 존재하는 확정적 관계(deterministic relationship)를 나타낸다.

그러나 X의 변화에 대해 Y의 변화가 확정적이지 않고 종속변수인 Y의 변화량이 확정적일 때와 비교하여 취해야 할 값보다 다소 크거나 혹은 작다면 (같을 때도 있지만) 즉, +/-되어 확정적으로 이야기할 수 없다면 우리는 이 관계를 확률적 관계(stochastic relationship)라고 하고 변수 X와 변수 Y사이에 불확실성(uncertainty)이 있다고 말한다.

독립변수 X와 종속변수 Y사이의 관계가 확정적(deterministic)이지 않고 확률적(stochastic)이라면 이를 어떤 함수의 형태로 나타낼 것인가라는 물음에 대해 다음 식(Eq. 1-7)과 같이 나타낸다.

$$Y = a + bX + e \qquad \textbf{(Eq. 1-7)}$$

즉, 확률적 관계는 식(Eq. 1-7)과 같이 독립변수 X와 종속변수 Y 사이의 확률적 관계를 오차항(error term 흔히 그리스 문자 ε('입실론'이라고 읽음)을 포함하여 표시한다.

이 오차항[8]에 대하여 일반적으로 다음과 같은 특징을 가진다고 가정한다.

- 오차항은 무작위적(random)[9]이다.
- 무작위적 오차항은 평균적으로 0이 된다. 즉, 오차항의 평균은 0이다.
- 오차항이 오차항의 평균으로부터 변화하는 정도를 분산(variance)이라고 하는데, 일반적인 가정은 분산이 시간(over time)에 대해서 그리고 횡적으로(cross-sectionally) 일정하다 (homoscedastic[10]이라고 함).

---

8 흔히 오차(error)라는 개념은 모형에서 데이터가 만들어지는 과정(data generation process: DGP)과 관련이 있는 이론적인 개념으로, 알 수 없는 값이다. 반면 실제로 데이터를 관찰한 후 모형에서 예측하는 값과의 차이를 잔차(residual)라고 한다.

9 무작위적 오차(random error)를 확률적 오차라고도 한다.

10 분산이 일정하다 것을 동분산(homoscedastic)이라고 하는데 그 의미는 일련의 확률변수(random variable)가 유한하고(finite), 동일한 분산(same variance)을 가졌다는 말이다. 확률변수의 분산이 다른 경우를 이분산(heteroscedastic)이라고 한다.

위에 주어진 종속변수 Y와 독립변수 X 사이의 확률적 관계를 바탕으로 파라미터 a(절편)와 b(기울기)를 관찰 가능한 데이터를 사용하여 찾아내는 통계적인 절차를 수행하는 것을 추정(estimate)한다고 하고, 이 방법을 회귀분석(regression analysis)이라고 부른다.

Chapter

II

균형

국제경제와 무역론 이해를 위한
기초 개념과 기본 분석 도구

Chapter

II

균형

1. 수요-공급 모형

경제학에서 가장 흔하게 사용되는 모형이 특정 재화에 대한 수요와 공급 모형이라고 할 수 있다.

1) 수요함수

수요를 아래와 같은 수요함수(demand function)로 표시한다.

$$Q^D = -\left(\frac{1}{2}\right)P + 90 \qquad \textbf{(Eq. 2-1)}$$

여기서 P는 (특정)재화의 가격을 나타내고, Q^D는 주어진 가격에서 그 재화에 대한 수요량(quantity demanded: Q)을 나타낸다.

나아가 여기서 소비자의 소득(Income: I)은 주어져 있다, 즉 고정되어 있다고 가정한다.

위의 수요함수를 나타내는 식(Eq. 2-1)을 보면 다른 모든 것이 변하지 않은 상태[1]에서 재화의 가격이 상승하면 그 재화의 수요는 감소하는 것으로 나타나는 것으로 나타난다. 즉, 기울기가 음수로 표시된다.

이런 성격을 가진 재화를 우리는 흔히 일반재(ordinary goods)[2]라고 부르며, 수요자의 소득이 일정한 상태에서 재화의 수요량의 변화와 가격 변화의 관계를 우리는 수요법칙(the law of demand)이라고 한다.

문제 1

위에 주어진 수요함수를 나타내는 식(Eq. 2-1)에 따를 때 이 재화의 가격이 1단위 증가하면 수요량은 얼마나 감소하는가?

이 질문은 수요곡선의 기울기와 관련된 것이라고 할 수 있다. 수요함수의 기울기이기 때문에 (즉, 이를 미분하여 보면) 기울기는 아래의 식(Eq. 2-2)로 표현할 수 있다.

$$\frac{dQ}{dP} = -\left(\frac{1}{2}\right) \quad \textbf{(Eq. 2-2)}$$

즉, 가격 P가 1단위 증가하면 수요량은 (1/2) 단위씩 감소한다.

---

1 이를 라틴어로는 ceteris paribus라고 하고 영어로는 all other things remain equal, 즉 모든 다른 것들은 변하지 않는다라고 표현한다.

2 일반재는 별도의 언급이 없으면 그냥 재화라고 칭한다. 가격이 변화할 때 수요량이 변화하는 일반재와 달리 소득이 변화하면 재화에 대한 수요가 변화하기도 하는데, 가계의 소득이 증가할 때 수요가 증가하는 재화를 정상재(normal goods)라고 하고 소득이 증가할 때 수요가 오히려 감소하는 재화가 있는 데 이를 열등재(inferior goods)라고 한다.

일반재와 달리 어떤 재화는 그 재화의 가격이 하락하는 데도 불구하고 재화의 수요는 오히려 하락할 수 있으며, 반대로 그 재화의 가격이 상승할 때 재화에 대한 수요가 오히려 증가할 수 있다. 이런 성격을 가진 재화를 기펜재(Giffen good)라고 한다. 즉, 기펜재는 수요의 법칙의 예외가 적용되는 재화에 해당한다.[3] 기펜재의 전형적인 예시는 가난한 사람들이 소비하는 주식(staple food)에 해당하는 아일랜드의 대기근 기간 동안의 감자, 주식이 쌀인 국가에서의 쌀 혹은 밀가루, 밀 혹은 또르띠야(tortilla)와 같이 필수재이며 동일 가격에서 대체재가 거의 없는 구황 식품이 종종 거론된다.

다른 조건이 일정한 상태에서 가격이 상승하는 경우 그 재화의 수요가 증가하는 재화를 사치재(luxury good)라고 하는데 사치재가 흔히 기펜재의 하나로 종종 거론되기도 한다. 그러나 엄격한 의미에서 사치재는 소비자들이 사회적 신분을 과시하기 위해 소비하는 경우에 해당하는데 이런 현상을 소위 베블렌 효과(Veblen effect)를 나타낸다고 할 수 있다.

가격과 소비자가 의도하는 수요를 그래프로 나타내면 이를 수요곡선(demand curve)이라고 한다. 수요의 법칙을 따르는 일반재의 경우 수요곡선을 그려보면 우하향하는 형태를 가진다.

---

3 기펜재(Giffen good)는 소득과 수요와의 관계 측면에서 보았을 때 열등재(inferior good)이며, 대체제가 거의 없을 뿐만 아니라 소비자 지출에서의 상당 부분을 차지하는 경우에 발생한다. 기펜재라는 말은 1800년대 후반 스코틀랜드의 경제학자겸 통계학자인 로버트 기펜 경(Sir Robert Giffen)의 이름을 따서 명명하였다.

2) 공급함수

이 재화에 대한 공급함수(supply function)를 다음과 같이 가정하자.

$$Q^S = 2P \qquad \text{(Eq. 2-3)}$$

여기서 P는 (특정) 재화의 가격, Q^S는 그 재화 가격에서 공급되는 재화의 공급량(Quantity Supplied)을 나타낸다.

가격과 생산자가 의도하는 공급량을 그래프로 나타내면 이를 공급곡선(supply curve)이라고 한다.

위의 공급함수 식(Eq. 2-3)를 보면 재화의 가격이 상승하면 공급량은 증가하고 그 가격이 하락하면 공급량이 감소하는 관계를 알 수 있는데 이를 공급법칙(the law of supply)이라고 한다.[4]

또한 식(Eq. 2-3)를 자세히 살펴보면 재화의 가격이 0이면 그 재화의 공급량이 0이 되는 것을 알 수 있다. 즉, 식(Eq. 2-3)으로 주어진 공급곡선을 그래프로 나타내보면 우상향하는 공급곡선이 원점에서 출발하는 것을 알 수 있다. 현실적으로는 많은 재화의 공급은 특정한 가격(이를 P^a 라고 한다면) 이상의 되어야 공급이 이루어지므로 재화의 가격이 (0, P^a)의 범위에 있는 경우에는 재화의 공급이 0으로 남아 있고 P^a이상인 경우에만 공급이 이루어지므로 재화의 공급곡선은 P^a를 절편으로 가진다.

문제 2

식(Eq. 2-3)에 주어진 공급함수에서 기울기 2는 무엇을 나타내는가?

---

4 재화의 가격이 상승하거나 혹은 하락함에도 불구하고 재화의 공급량이 늘지 않은 경우가 있는데 이 경우 공급곡선은 일반적으로 수직선으로 나타나고 공급이 고정된 재화는 피카소의 작품 등과 같은 것들이 포함된다.

3) 시장과 균형

수요함수를 나타내는 식(Eq. 2−1)과 공급함수를 나타내는 식(Eq. 2−3)을 가격 P를 수평축에, 수량 Q를 수직축에 둔 그래프로 표시한다면 〈그림 2−1〉과 같이 나타낼 수 있다.[5]

〈그림 2−1〉에 주어진 그래프 혹은 두 개의 방정식(식(Eq. 2−1)과 식(Eq. 2−3))을 통해 수요와 공급이 일치하는 점(解(solution)) 혹은 균형(equilibrium)을 찾을 수 있다.

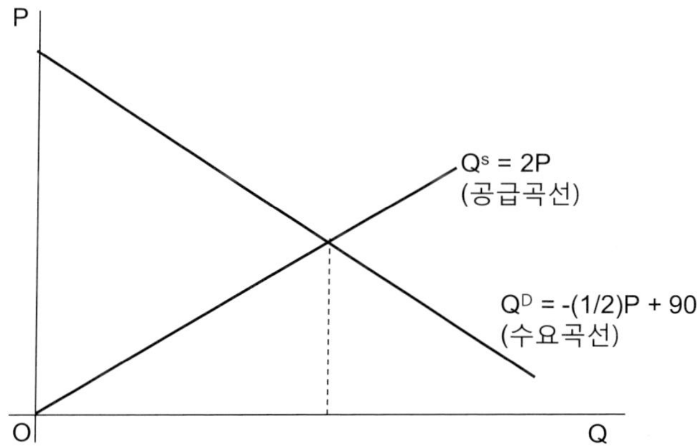

〈그림 2−1〉 수요곡선과 공급곡선

---

5 주어진 식(Eq. 2−1)과 식(Eq. 2−3)에서 보면 Q가 식의 왼쪽에 P가 오른쪽에 있어 Q가 수직축, P가 수평축에 나타나야 한다고 생각할 수 있다. 전통적으로 경제학에서는 가격 P를 수직축에 두고 수량Q를 수평축에 둔 상태로 수요와 공급 곡선을 각각 도출한다. 이와 같은 근거는 수요와 공급 곡선을 각각 P를 좌측에 두는, 즉 마치 종속변수처럼 취급하여 도출할 수 있기 때문인데 이 경우 수요곡선은 '역수요함수(혹은 역수요곡선, inverse demand function (curve)), 역공급함수(혹은 역수요곡선, inverse supply function (curve))'라고 한다. 식(Eq. 2−1)을 가지고 역수요함수를 구하면 $P=180-2Q$가 되고, 식(Eq. 2−3)으로부터 역공급함수를 구하면 $P=\frac{1}{2}Q$가 된다.

문제 3

〈그림 2-1〉에서

1. 수요함수, 즉 역수요곡선의 Y절편을 구하여라.
2. 역수요곡선의 기울기는 얼마인가?
3. 공급함수, 즉 역공급곡선의 Y절편을 구하여라.
4. 역공급곡선의 기울기는 얼마인가?

가격과 수량은 함께 수요곡선 방정식과 공급곡선 방정식을 모두 충족시키는 해(solution, 解)가 되고 이 때 시장은 '균형을 이룬다'고 한다. 즉, 균형(Equilibrium)은 수요와 공급을 동시에 만족시키는 가격(price)과 이에 해당하는 수량(quantity)을 나타낸다.

식(Eq. 2-1)과 식(Eq. 2-3)으로 주어진 연립방정식을 풀면 해, 즉 균형을 구할 수 있는데 두 식을 모두 만족하는 균형가격(P*)은 36, 균형수량(Q*)은 72가 된다. 이 균형점을 e라고 하면 〈그림 2-1A〉에서와 같이 나타낼 수 있다.

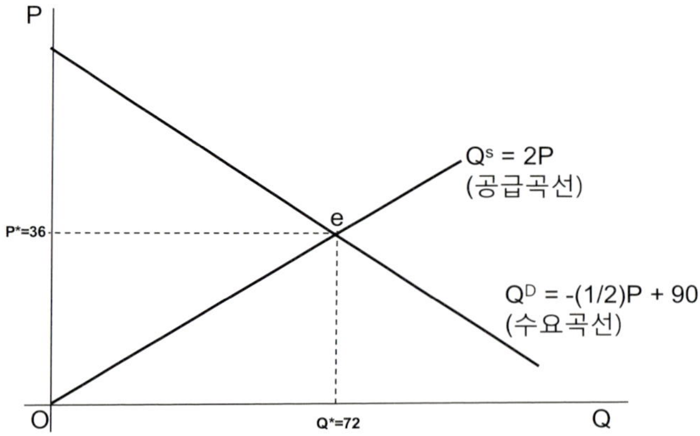

〈그림 2-1A〉 수요곡선, 공급곡선 및 균형

이와 같이 특정 재화에 수요자와 공급자가 있고 재화의 교환이 직접적으로 혹은 간접적으로 이루어지면 이를 시장(market)이라고 하는데 이는 수요와 공급에 의해 시장 균형이 형성된다는 의미이다. 따라서 시장이 반드시 물리적인 장소를 나타낼 필요는 없다고 할 수 있다.

시장에서 수요와 공급에 의해, 즉 수요곡선과 공급곡선이 만나는 점에서 균형 가격(equilibrium price)과 균형 수량(equilibrium quantity)이 형성된다. 이 균형 가격과 균형 수량을 우리가 흔히 '통계'에서 제시하는, 그래서 현실에서 관찰하는 부분이라고 할 수 있다.

균형 가격은 P^e(혹은 P^*)로 표시하는데 이 가격을 보통 우리가 일상적으로 관찰하는 시장가격(market price)이라고 하고, 통상적으로 가격의 영어글자(price)의 첫 머리글자를 따서 P로 표시한다. 균형 수량 역시 보통 Q^e(혹은 Q^*)로 표시하는데 보통 우리가 시장에서 관찰하는 거래량이라고 하고 흔히 Q로 표시한다.

우리가 시장에서 균형 가격 (혹은 시장가격)과 균형 수량을 파악하게 되면 그 시장의 규모를 측정할 수 있다. 특정 재화의 시장규모는 (시장가격 x 거래량)으로 표시한다.

즉, $P^* \times Q^*$ 혹은 $P^e \times Q^e$ 로 나타낼 수 있다.

예제 1

어떤 재화 X가 있을 때 시장에서 거래량(Q)이 100(톤)이고 X재의 가격 P가 톤당 $1000라고 한다면 X재 시장의 규모는 다음과 같이 구한다.

$$P \times Q = (\$1000/\text{톤}) \times 100\text{톤} = \$100,000$$

즉, 이 재화의 시장 규모는 $100,000에 해당한다고 할 수 있다.

이 시장 규모는 소비자 입장에서 그 특정 재화에 대해 지출하는 총지출(total expenditure)을 나타내고, 그 재화를 공급한 생산자에게는 총수입(total revenues 혹은 그냥 revenues라고도 함)을 나타낸다.

Chapter

III

미분

국제경제와 무역론 이해를 위한
기초 개념과 기본 분석 도구

Chapter

III

미분[1]

1. 선형 방정식

$$Y = a + bX \qquad \text{(Eq. 3-1)}$$

여기서 a와 b를 파라미터(parameter(매개변수) 혹은 상수)라고 한다.

식(Eq. 3-1)은 독립변수 X와 종속변수 Y 사이의 확정적인 관계(deterministic relationship)를 표시한다.

이중에서 특히 a는 절편(intercept), b는 기울기(slope 혹은 gradient)라고 하고 기울기 b는 $b = \dfrac{dY}{dX}$로 표시할 수 있다. 이 기울기

1 한 점에서 함수의 기울기를 찾아내는 과정을 미분(differentiation) 혹은 '미분한다'라고 하고 그 미분 과정을 통해 도출된 값 혹은 함수를 미분(derivative)이라고 하는데 이는 우리말의 한계이기도 하다.

를 구하는 과정을 흔히 Y를 X에 대해서 '미분한다'라고 표현한다.

예제 1

비용 방정식 C가 아래와 같이 주어져 있다고 하자.

$$C = 10 + 2Q \qquad \textbf{(Eq. 3-2)}$$

여기서 C는 비용, Q는 생산량을 나타낸다.

비용 방정식의 기울기는 2인데, 이는 비용 C를 생산량 Q에 대해서 미분한 값이다. 즉, $\frac{dC}{dQ} = 2$.

그렇다면 이 기울기는 무엇을 나타내는가?

2. 함수의 기울기

독립변수 X와 Y의 함수가 아래 식(Eq. 3-3)와 같이 주어져 있다고 하자.

$$Y = aX^n \qquad \textbf{(Eq. 3-3)}$$

여기서 a는 상수

그렇다면 이 함수의 기울기($\frac{dY}{dX}$)는 어떻게 구할 수 있겠는가?

이 함수의 기울기는 아래와 같이 도출한다.

$$\frac{dY}{dX} = \frac{d(aX^n)}{dX} = \frac{adX^n}{dX} = a\frac{dX^n}{dX} = anX^{n-1}$$

예제 2

함수 $Y = \left(\frac{1}{2}\right)X^2$ 로 주어져 있을 때, 이 함수의 기울기는 다음과 같다.

$$\frac{dY}{dX} = \left(\frac{1}{2}\right)2X^{2-1} = X$$

예제 3

함수 $Y = X^{\frac{1}{3}}$ 으로 주어져 있을 때, 이 함수의 기울기는 다음과 같다.

$$\frac{dY}{dX} = \left(\frac{1}{3}\right)X^{\left(\frac{1}{3}\right)-1} = \frac{1}{3}X^{\left(\frac{-2}{3}\right)}$$

1) 상수함수의 기울기

상수함수 Y가 아래와 같이 주어져 있다고 하자.

$$Y = k \qquad \textbf{(Eq. 3-4)}$$

여기서는 상수를 나타낸다.

이 상수함수는 X가 어떤 값을 가지더라도 Y는 동일한 값 k를 가진다. 즉, X가 변하더라도 Y는 변하지 않는다. 기울기의 정의가 독립변수인 X가 변할 때 종속변수 Y가 변하는 양, 즉 $\frac{\Delta Y}{\Delta X}$라고 정의하였음으로 X가 변하더라도 Y의 변화량은 0, 즉 $\Delta Y = 0$ 이 되어 기울기는 0이다.

이 상수함수의 기울기 $\left(\frac{dY}{dX}\right)$는 아래와 같이 도출된다.

식(Eq. 3-4)는 $Y = kX^0$이라고 할 수 있음으로 기울기는 미분을 통해 $\frac{dY}{dX} = k0X^{0-1} = 0$ 으로 도출된다.

즉, 상수함수의 기울기는 0이다.

2) 이차 및 고차 함수

Y의 X에 대한 함수가 독립변수 X에 대해 아래와 같이 주어져 있다고 하자.

$$Y = a + bX + cX^2 \qquad \textbf{(Eq. 3–5)}$$

여기서 a, b와 c는 상수

이 함수의 기울기($\frac{dY}{dX}$)는 아래와 같이 위의 이차함수[2]를 미분함으

2 이차함수라고 하는 의미는 종속변수의 우편에 나타나는 독립변수 중에서 가장 높은 차수가 이차인경우를 지칭한다. 독립변수가 반드시 하나일 필요는 없다. 이차함수를 영어로는 quadratic function 혹은 polynomial function of degree 2라고 말한다.

로써 도출할 수 있다.

$$\frac{dY}{dX} = \frac{d(a + bX + cX^2)}{dX} = \frac{da}{dX} + \frac{d(bX)}{dX} + \frac{d(cX^2)}{dX}$$
$$= 0 + b + c2X^{2-1} = b + 2cX$$

이 원리를 적용하면 이차 보다 높은 n차 함수에도 적용할 수 있다

$$Y = a + bX + cX^2 + \ldots + kX^n \qquad \textbf{(Eq. 3–6)}$$

여기서 a, b, c, ..., k는 상수

이 n차 함수의 기울기($\frac{dY}{dX}$)는 아래와 같이 이 함수를 Y에 대해 미분함으로써 도출한다.

$$\frac{dY}{dX} = \frac{d(a + bX + cX^2 + \cdots kX^n)}{dX}$$
$$= \frac{da}{dX} + \frac{d(bX)}{dX} + \frac{d(cX^2)}{dX} + \cdots + \frac{d(kX^n)}{dX}$$
$$= 0 + b + c2X^{2-1} + \cdots + knX^{n-1}$$
$$= b + 2cX + \cdots + knX^{n-1}$$

3. 로그함수와 지수함수

로그함수와 지수함수는 상호 밀접히 연관되어 있는데 사실, 로그함수는 지수함수의 역함수이다. 로그함수는 로그 기호, 밑, 지수 및 진수를 사용하여 표시하는데 로그기호는 밑을 10, 흔히 오일러 수(Euler's number)라고 알려진 무리수인 e (e는 대략적으로 2.71828... 정도의 값을 취하는 무리수임), 혹은 음이 아닌 다른 수를 사용하여도 되는데 가장 흔하게 사용하는 밑의 수는 10과 오일러 수인 e이다.

즉, $\log_{10}2$ 혹은 $\log_{e}2$ 의 경우는 각각 로그함수에서 밑을 10과 자연수(e)를 사용한 경우이다. 각각의 로그함수에서 표시된 수 2는 진수라고 말한다.

흔히 $\log_{10}2$ 는 밑의 수 10을 생략하고 $\log2$ 와 같이 표현한다.

$\log_{e}2$는 무리수인 e를 밑으로 사용하여 자연로그(natural logarithm)라고 하고, 자연로그의 머리글자 ln을 사용하여 $\ln2$라고 표현한다.

밑의 수 10을 사용한 로그함수 중 아래와 같이 진수가 지수를 가지는 경우가 있는데 이 경우 진수의 지수를 로그 기호 앞에 내려 표현한다. 예를 들면, $\log2^2$ 이는 진수가 제곱이므로 다음과 같이 표현한다.

$$\log2^2 = 2\log2$$

로그함수는 지수함수의 역함수이기 때문에 로그함수는 항상 지수함수로 표현할 수 있다.

예들 들면 밑 10을 가진 X에 대한 Y의 함수가 아래와 같이 주어져 있다고 하자.

$$\log_{10} X = Y$$

로그함수의 역함수는 일반적으로 아래와 같은 지수함수로 표현된다.

$$X = b^Y$$

여기서 b는 로그함수에 사용된 밑이며 $b > 0$ $b \neq 1$ 이고, X는 진수에 해당한다.

로그함수의 특성

1) 로그함수의 밑은 양수이며 1이 아니다. 로그함수의 밑이 1인 경우에는 로그함수가 정의되지 않는다.
2) 로그함수에 등장하는 진수는 항상 양수이다.

로그함수 Y가 아래와 같이 주어져 있다고 하자.

$$Y = \log_b X$$

위의 (1)과 (2)는 $b > 0$ $b \neq 1$ 이며 $X > 0$ 이어야 한다는 의미이다.

3) 로그함수에서 사용되는 밑의 수와 진수가 동일한 경우에는 로그함수 값이 1이 된다.

즉, $\log_{10} 10 = 1$ 혹은 $\ln e = 1$

4) 로그함수의 표현에서 진수가 1이면 그 로그함수의 값은 0이 된다.

1) 로그함수의 연산법칙

로그함수를 활용할 때 사용하는 연산법칙은 아래와 같다.

$$\ln(A^* B) = \ln A + \ln B$$
$$\ln\left(\frac{A}{B}\right) = \ln A - \ln B$$

$$\ln X^n = nlnX$$

여기서 ln은 무리수인 e를 밑으로 하는 자연로그(natural logarithm)이다.

$$\ln \sqrt[n]{X} = \ln X^{\frac{1}{n}} = \left(\frac{1}{n}\right)\ln X$$

$$\log_b(b^X) = X\log_b b = X$$

$$m\log X + n\log Y = \log X^m + \log Y^n = \log(X^m Y^n)$$

만약 로그함수에서 밑에 사용하는 수를 바꾸면 이는 새로운 밑을 사용한 로그의 분수로 표현된다.

예를 들면, $\log_{10}X$를 밑 수 10 대신에 2를 사용한다면 다음과 같이 표현한다.

$$\log_{10}X = \frac{\log_2 X}{\log_2 10}$$

2) 로그함수의 미분

로그함수 Y가 다음과 같이 주어져 있다고 하자.

$$Y = \ln X \qquad \textbf{(Eq. 3-7)}$$

단, X 〉 0이다.

이 로그함수의 기울기($\frac{dY}{dX}$)는 다음과 같이 도출된다.

$$\frac{dY}{dX} = \frac{d(\ln X)}{dX} = \left(\frac{1}{X}\right)$$

로그함수 Y가 다음과 같이 주어져 있다고 하자.

$$Y = \ln X^n \qquad \textbf{(Eq. 3-8)}$$

단, X 〉 0이며 n은 실수(real number)이다.

이 로그함수의 기울기($\frac{dY}{dX}$)는 다음과 같이 도출한다.

$Y = \ln X^n$ 은 $Y = nlnX$으로 표시할 수 있음으로

$$\frac{dY}{dX} = \frac{d(nlnX)}{dX} = \frac{nd(\ln X)}{dX} = n\left(\frac{1}{X}\right) = \frac{n}{X}$$

4. 지수함수, 로그함수 및 미분

지수함수(exponential function)란 일반적으로 지수의 형태로 표현한 함수라고 할 수 있는데 일반적으로 다음과 같은 형태의 함수로 표현된다. 즉, 독립변수가 지수에 포함된 형태의 함수이다.

$$F(X) = ab^X \qquad \text{(Eq. 3-9)}$$

여기서 a는 상수 (혹은 매개변수)를 나타낸다.

함수 값이 실수를 가지기 위해서 b는 양수이며 1이 아닌 실수이다.

지수함수는 일반적으로 성장함수 혹은 감소함수에 빈번히 적용되는데 인구증가 함수, 은행 계좌에 있는 저축 금액의 성장함수, 방사능폐기물의 반감기와 관련된 감소함수 혹은 회계에서 자산 구매와 이에 따른 감가상각을 고려한 장부가격을 결정하는 감소함수 등과 같이 흔히 실생활에서 다양하게 사용된다.

예를 들면 은행에 년 이자를 r%씩 지급하는 계좌에 일정 금액(A)를 일정한 기간 (X년) 예치시키면 X년 후의 총 금액(Y)은 다음과 같은 성장 함수인 지수함수로 표시할 수 있다.

$$Y = A(1+r)^X \qquad \text{(Eq. 3-10)}$$

위 식(Eq. 3-10)에서 r은 년 이자율이며, 따라서 r은 연간 성장률을 나타낸다.

예제 4

지수함수의 예는 아래와 같은 것들이 있다.

$$Y = 2^X \qquad \textbf{(Eq. 3-10a)}$$

$$Y = \left(\frac{1}{2}\right)^X \qquad \textbf{(Eq. 3-10b)}$$

위의 지수함수(Eq. 3-10b)는 다음과 같이 표현할 수 있다.

$$Y = \left(\frac{1}{2}\right)^X = \frac{1}{2^X} = 2^{-X}$$

예를 들면, 현재 500마리의 박테리아가 있는데 분당 $\left(\frac{1}{4}\right)$ 씩 박테리아 수가 늘어난다고 하면, 즉 증가율(r)이 $\left(\frac{1}{4}\right)$ 이라고 하면, t분 후의 박테리아 숫자, $N(t)$ 는 다음과 같이 표현할 수 있다.

$$N(t) = 500\left(1 + \frac{1}{4}\right)^t$$ 혹은

$N(t)$ 는

$$N(t) = 500\left(\frac{5}{4}\right)^t$$ 로 표현한다.

지수함수에 적용되는 연산 법칙은 다음과 같다.

$$A^{n}*A^{m}=A^{n+m}$$

$$\frac{A^{n}}{A^{m}}=A^{n}*A^{-m}=A^{n-m}$$

단 여기서 A는 양수이며, n과 m은 실수이다.

$$e^{n}\times e^{m}=e^{n+m}$$

여기서 e는 오일러 수이며, n과 m은 실수이다

$$e^{\ln X}=X$$

오일러 수(e)를 밑으로 가진 지수함수가 아래와 같이 주어져 있다고 할 때, 지수함수의 기울기를 구해보자

$$Y=e^{X} \qquad \textbf{(Eq. 3-11)}$$

이 지수함수의 기울기($\frac{dY}{dX}$)는 다음과 같이 구해진다.

$$\frac{dY}{dX}=\frac{d(e^{X})}{dX}=X^{1-1}e^{X}=e^{X}$$

예제 5

지수함수가 아래와 같이 주어져 있다.

$$Y = ae^{X}$$

여기서 a는 상수, e: 오일러 수

이 지수함수의 기울기($\frac{dY}{dX}$)를 구하면 다음과 같다.

$$\frac{dY}{dX} = \frac{d(ae^{X})}{dX} = a\frac{d(e^{X})}{dX} = aX^{1-1}e^{X} = ae^{X}$$

예제 6

지수함수 중 성장함수에 속하는 인구 함수가 시간(t)의 함수로 아래와 같이 주어져 있을 때 이 인구함수의 기울기($\frac{dL}{dt}$)를 구하라.

$$L(t) = 20e^{0.011t} \quad \textbf{(Eq. 3-12)}$$

여기서 L은 총인구 수, t는 시간을 나타낸다.

인구 함수의 기울기($\frac{dL}{dt}$)는 다음과 같이 구해진다.

$$\frac{dL(t)}{dt} = \frac{d(20e^{0.011t})}{dt} = 20 \times 0.011 \times e^{0.011t} = 0.22e^{0.011t}$$

인구증가율은 일반적으로 정의하는 성장률[3]의 개념과 비슷하게

$\left(\frac{\text{인구 변화량}}{\text{기존 인구}}\right)=\left(\frac{\frac{dL}{dt}}{L}\right)$ 으로 정의할 수 있다. 따라서 주어진

인구함수를 통해 인구성장률은 다음과 같이 구할 수 있다.

$$\frac{\frac{dL(t)}{dt}}{L}=\frac{0.22e^{0.011t}}{20e^{0.011t}}=0.11$$

예제 7

지수함수가 다음과 같이 주어져 있을 때 이 지수함수의 기울기를 구하라.

$$Y=e^{aX} \qquad \textbf{(Eq. 3–13)}$$

여기서 e는 자연수, a는 상수이다.

이 지수함수의 기울기($\frac{dY}{dX}$)는 다음과 같이 구할 수 있다.

---

3 시간의 변수인 특정 변수Y(t)가 두 시점에서 각각 $Y_{t=0}$과 $Y_{t=1}$로 주어져 있을 때 t=0 시점 대비 t=1 시점에서 특정 변수 Y의 성장률(g)은 다음과 같이 구한다.

$$g=\left(\frac{Y_1-Y_0}{Y_0}\right)*100\%=\left(\frac{\Delta Y}{Y_0}\right)*100\%$$

$$\frac{dY}{dX} = aX^{1-1}e^{aX} = ae^{aX}$$ 가 된다.

이 기울기를 구하기 위해서 오일러 수 e를 밑으로 하는 자연로그함수를 이용한 방법을 사용할 수 있다.

위 식(Eq. 3-13)의 양변에 자연로그를 취하면

$\ln Y = aX$ 가 된다.

좌변을 Y에 대해 미분하면 $\frac{1}{Y}dY$ 가 되고, 우변을 X에 대해 미분하면 adX가 된다. 즉, 각각의 변수에 대해 전미분한 형태이다.

그러면 좌변과 우변은 동일하여야 하므로,

즉 $\frac{1}{Y}dY = adX \rightarrow \frac{dY}{dX} = aY = a\left(e^{aX}\right)$ 가 된다.

예제 8

$Y = A^X$ 일 때, 이 지수함수의 기울기($\frac{dY}{dX}$)를 구하는 방법도 로그함수를 사용한 위의 방식과 유사하게 진행할 수 있다.

먼저, 양변에 (자연)로그를 취하면

$\ln Y = \ln A^X = Xln A$ 가 된다.

그리고 자연로그를 각각에 대해서 미분하면 좌변은 $\frac{dlnY}{dY} = \frac{1}{Y}$ 가

되고, 우변은 $\frac{d(XlnA)}{dX} = \ln A \frac{dX}{dX} = \ln A$ 가 된다.

$dlnY = \frac{1}{Y} dY$ 이고 $d(XlnA) = (\ln A) dX$ 이기 때문에

$$\frac{dlnY}{dX(\ln A)} \equiv \frac{dlnY}{d(\ln A^X)} = \frac{dlnY}{dlnY} = \frac{\frac{1}{Y} dY}{(\ln A) dX}$$ 가 되는데

이를 정리하면 아래와 같이 기울기를 구할 수 있다.

$$\frac{dY}{dX} = \frac{\ln A}{\frac{1}{Y}} = YlnA = (\ln A) A^X$$

Chapter

IV

양함수, 음함수, 편미분 및 전미분

국제경제와 무역론 이해를 위한
기초 개념과 기본 분석 도구

Chapter

IV

양함수, 음함수, 편미분 및 전미분

1. 양함수와 음함수

앞서 언급한 함수들은 전부 양함수(explicit function)이다. 즉, 함수의 형태가 구체적으로 주어져 있는 경우이다. 그러나 함수의 형태가 구체적으로 주어지지 않은 경우가 있다. 이와 같은 함수를 음함수(implicit function)라고 한다. 즉, 음함수는 변수들 간 함수의 관계는 존재하나 사전에 특정한 형태의 함수관계를 구체적으로 표현할 수 없는 경우에 해당한다.

예를 들면, 종속변수 Y가 독립변수 X_1, X_2, X_3와 관계를 가지고 있지만 구체적인 함수의 형태를 모르는 음함수라고 할 때, 이들 독립변수들을 인수(arguments)라고 한다.

위의 음함수의 관계를 다음과 같이 표현할 수 있다.

$$Y = F(X_1, X_2, X_3) \qquad \text{(Eq. 4-1)}$$

만약 인수인 독립변수가 n개 있는 음함수는 다음과 같이 표현할 수 있다.

$$Y = (X_{1,} X_{2,} X_3, \ldots, X_n) \qquad \text{(Eq. 4-1')}$$

2. 편미분과 전미분

1) 편미분(Partial Differentiation)

식(Eq. 4-1)에 주어진 바와 같이 여러 독립변수(인자)들 중 다른 변수들은 고정되어 있는 상태에서 한 인자(혹은 독립변수)만이 종속변수, Y에 미치는 영향을 조사하고자 할 때 편미분을 실시하여 도출한다.

편미분은 다른 요소들이 종속변수에 미치는 영향을 배제할 때 사용하고 다음과 같이 표현한다.

예를 들면, 식(Eq. 4-1)을 사용할 때, X_1에 대한 Y의 편미분은

$$\frac{\partial Y}{\partial X_1} = \frac{\partial F(X_1, X_2, X_3)}{\partial X_1} \qquad \text{(Eq. 4-2)}$$

일반적으로 Y를 X_1에 대해서 편미분한($\frac{\partial Y}{\partial X_1}$)을 F_1이라고 표시하는데, 이는 Y의 첫 번째 변수(인자)에 대한 제1차 편미분(partial derivatives)한 것이라는 뜻이다.

즉, $\frac{\partial Y}{\partial X_1} = F_1$ **(Eq. 4-3)**

만약 여러 개의 인자 중 i번째 인자, X_i에 대해서 종속변수 Y를 편미분(partial differentiate)한다면 다음과 같이 표현할 수 있다.

$$\frac{\partial Y}{\partial X_i} = \frac{\partial F(X_1, X_2, X_3, \cdots X_i, \cdots X_n)}{\partial X_i} = F_i \qquad \textbf{(Eq. 4-4)}$$

2) 전미분(Total Differentiation)

전미분은 식(Eq. 4-1)에서와 같이 모든 변수가 동시에 종속변수 Y에 미치는 영향을 조사하고자 할 때 사용하는데 모든 변수에 대한 Y의 전미분을 다음과 같이 표현한다.

$$dY = \left(\frac{\partial Y}{\partial X_1}\right)dX_1 + \left(\frac{\partial Y}{\partial X_2}\right)dX_2 + \left(\frac{\partial Y}{\partial X_3}\right)dX_3$$

$$= F_1 dX_1 + F_2 dX_2 + F_3 dX_3 \qquad \textbf{(Eq. 4-5)}$$

식(Eq. 4−5)을 보면 종속변수 Y에 대한 전미분은 각 인수의 편미분 (F_i)을 모두 포함하고 있다.

[예 1]

효용함수의 편미분과 전미분

세 개의 재화 X_1, X_2, X_3를 소비할 때 발생하는 효용함수가 음함수의 형태로 식(Eq. 4−6)와 같이 주어져 있다고 가정하자.

$$U = F(X_1, X_2, X_3) \qquad \text{(Eq. 4−6)}$$

세 번째 재화 X_3만을 추가로 소비할 때 발생하는 효용, 즉 X_3의 한계효용은 다음과 같이 표현한다.

즉 효용함수 U를 X_3에 대해 편미분하면 다음과 같이 표현할 수 있다.

$$\frac{\partial U}{\partial X_3} = \frac{\partial F(X_1, X_2, X_3)}{\partial X_3} = U_3 \qquad \text{(Eq. 4−7)}$$

일반적으로 i번째 재화 X_i만을 추가로 소비할 때 발생하는 효용, 즉 X_i의 한계효용은 편미분을 사용하여 다음과 같이 표현한다.

$$\frac{\partial U}{\partial X_i} = \frac{\partial F(X_1, X_2, X_3)}{\partial X_i} = U_i \qquad \text{(Eq. 4−8)}$$

위 식(Eq. 4-6)으로 주어진 효용함수에 대해 전미분을 실시한다면, 즉 모든 재화의 추가 소비량이 효용함수에 전반에 미치는 영향을 다음과 같이 표현과 같이 표현할 수 있다.

$$dU = U_1 dX_1 + U_2 dX_2 + U_3 dX_3 \qquad \text{(Eq. 4-9)}$$

만약, 3개의 재화 X_1, X_2, X_3를 어떻게 소비하더라도 동일한 만족 수준, 즉 효용에는 이전과 비교하여 변화가 없다고 한다면[1] 식(Eq. 4-9)는 다음과 같이 표현할 수 있다.

$$dU = 0 = U_1 dX_1 + U_2 dX_2 + U_3 dX_3 \qquad \text{(Eq. 4-10)}$$

식(Eq. 4-10)이 나타내는 것은 어떤 특정한 재화의 소비량이 늘어나면 그 재화의 추가 소비로 인해 효용이 증가할 것이 분명하다. 따라서 다른 재화 혹은 다른 재화들의 소비량이 감소하여야만 동일한 만족수준을 누릴 수 있다는 것이다. 즉, 이들 재화는 개별적으로 혹은 포괄적으로 대체재의 관계를 가지게 된다.

국제무역론에서 흔히 사용되고 있는 경우처럼, 두 개의 재화 X재(빵이라고 하자)와 Y재(옷이라고 하자)를 소비하여 소비자는 효용을 도출할 수 있다고 하면 이 경우 소비자의 효용함수는 다음과 같은 음함수로 표현할 수 있다.

---

1 효용에 변하가 없다는 것은 효용의 변화 dU 가 0이라는 의미이다. 즉, $dU = 0$.

$$U = U(X, Y) \quad \text{(Eq. 4-11)}$$

이 효용함수로부터 빵인 X재화만을 한 단위만큼 추가적으로 소비하면서도 얻을 수 있는 효용을 빵(X)의 한계효용(marginal utility of X)이라고 하는데 이는 다음과 같이 표현한다.

$$\frac{\partial U(X, Y)}{\partial X} = MU_X = U_X \quad \text{(Eq. 4-12)}$$

특별한 경우가 아니라면 빵 X재의 한계효용(marginal utility of X: MU_X)은 0보다 크다고 가정하는데, 이는 다른 재화인 옷, 즉 Y재의 소비량이 주어졌다고 가정했을 빵인 X재를 더 많이 소비할수록 소비자의 효용은 증가한다는 의미이다.

옷인 Y재화의 한계효용(marginal utility of Y: MU_Y)은 다음과 같이 표현한다.

$$\frac{\partial U(X, Y)}{\partial Y} = MU_Y = U_Y \quad \text{(Eq. 4-13)}$$

[예 2]

효용함수(utility function)와 한계효용(marginal utility)

빵인 X재와 옷인 Y재를 소비하는 소비자의 효용함수(U)가 다음과 같이 주어져 있다고 하자.

$$U(X, Y) = \sqrt[2]{XY} \qquad \textbf{(Eq. 4-14)}$$

식(Eq. 4-14)를 다음과 같이 나타낼 수 있다.

$$U(X, Y) = \sqrt[2]{XY} = (XY)^{\frac{1}{2}} = X^{\frac{1}{2}} Y^{\frac{1}{2}} \qquad \textbf{(Eq. 4-14a)}$$

이 효용함수로부터 빵인 X재의 한계효용(MU_X)과 옷인 Y재의 한계효용(MU_Y)을 구해보면 다음과 같다.

먼저, X재 한계효용(MU_X)는 다음과 같이 구한다.

$$MU_X = \frac{\partial U(X, Y)}{\partial X} = \frac{\partial\left(X^{\frac{1}{2}} Y^{\frac{1}{2}}\right)}{\partial X} = \frac{1}{2} X^{\frac{1}{2}-1} Y^{\frac{1}{2}}$$

$$= \left(\frac{1}{2}\right) X^{\frac{-1}{2}} Y^{\frac{1}{2}} = \left(\frac{1}{2}\right) \frac{Y^{\frac{1}{2}}}{X^{\frac{1}{2}}} = \left(\frac{1}{2}\right) \sqrt[2]{\left(\frac{Y}{X}\right)}$$

(Eq. 4-14b)

동일한 방법으로 Y재의 한계 효용(MU_Y)는 다음과 같이 표현된다.

$$MU_Y = \frac{\partial U(X, Y)}{\partial Y} = \frac{\partial\left(X^{\frac{1}{2}} Y^{\frac{1}{2}}\right)}{\partial Y} = \left(\frac{1}{2}\right) \sqrt[2]{\left(\frac{X}{Y}\right)}$$

(Eq. 4-14c)

Y재인 옷의 한계효용 역시 0보다 크며 이는 X재의 소비량이 주어졌다고 가정했을 때 Y재를 더 많이 소비할수록 소비자의 총 효용은 증가한다는 의미이다.

두 재화 X(빵)와 Y(옷)의 한계효용이 0보다 크기 때문에 이 두 재화를 이전보다 더 많이 소비하면 소비자의 만족도는 이전 수준의 만족도보다 높게 될 것이다.

식(Eq. 4-11)로 주어진 효용함수에 따를 때 우리는 빵(X)의 소비량이 X_0, 옷(Y)의 소비량이 Y_0라고 한다면, 소비자가 느끼는 만족 수준을 U_0라고 표현할 수 있다.[2]

주어진 만족 수준 U_0를 누리기 위해 (X_0, Y_0)의 소비 결합뿐만 아니라 무수히 많은 X재와 Y재의 소비 결합이 가능한데, 이 모든 결합들을 다 연결하면 소위 무차별곡선(Indifference Curve: IC)을 도출할 수 있다.

2 효용은 소비자가 느끼는 만족도를 나타내기 때문에 특정한 값을 부여할 수는 없다. 10, 20 혹은 100과 같이 크기에 대한 특정한 값이 부여되는 경우는 우리가 흔히 기수적(cardinal)이라고 한다. 하지만 효용함수는 다른 상품 바구니, 즉 X재와 Y재의 다른 소비량의 조합에 따른 효용, 즉 만족도의 수준을 비교하여 순위를 매기는 것은 가능한 서수적인 성격을 가지고 있다. 즉, 효용함수는 서수적(ordinal)이다.

이 무차별곡선을 그림으로 나타내면 아래와 같다.

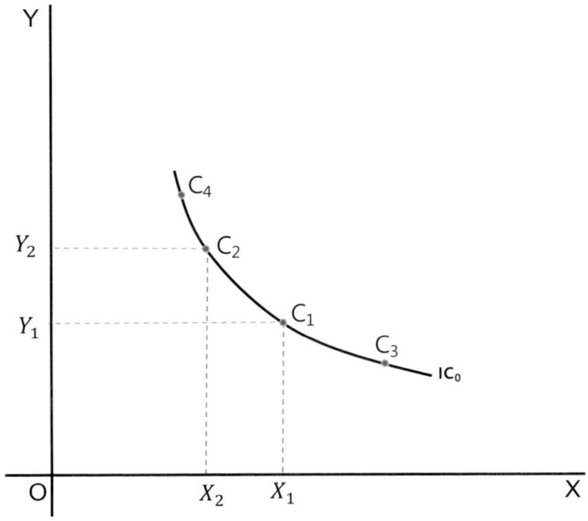

〈그림 4-1〉 효용 함수와 무차별곡선

〈그림 4-1〉의 무차별곡선 IC_0 위의 점 C_1, C_2, C_3 및 C_4는 옷(X재)과 빵(Y재)의 소비결합 양은 상이하여도 소비자에게 동일한 만족도, 즉 효용(utility)을 준다.

만약 C_1에 소비하는 X재와 Y재의 양이 X_1과 Y_1일 때 이에 해당하는 효용의 수준을 U_1이라고 다음과 같이 표시한다고 하자.

$$U(C_1) \equiv U(X_1, Y_1) \equiv U_1$$

비슷한 개념으로 소비자가 C_2에서 소비한다고 하고 그 효용을 U_2, C_3에서 소비할 때의 효용을 U_3, 그리고 C_4에서 소비할 때의 효용을 U_4라고 한다면 소비점 C_1, C_2, C_3 및 C_4가 동일한 효용곡선 상에 있다는 것은 다음의 관계가 성립함을 의미한다.

$$U(C_1) = U(C_2) = U(C_3) = U(C_4).\ \text{즉},\ U_1 = U_2 = U_3 = U_4$$

Chapter

V

수열과 합

국제경제와 무역론 이해를 위한
기초 개념과 기본 분석 도구

Chapter

V

수열과 합

1. 유한수열과 합

1) 저축과 미래가치

[예 1]

연 이자율 4%를 주는 은행 계좌에 년 초에 백 달러($100)를 저축한다고 가정하자. 이 경우 매년 말 은행에 남는 잔액은 다음과 같다.

기간 (연말)	1년차	2년차	3년차	4년차	5년차	6년차
금액 ($)	$100(1+0.04)$	$100(1+0.04)^2$	$100(1+0.04)^3$	$100(1+0.04)^4$	$100(1+0.04)^5$	$100(1+0.04)^6$

위의 [예 1]을 보면 6개의 항을 가진 수열(sequence) 혹은 급수라는 것을 알 수 있다. 이와 같이 수열이 한정된(limited) 수(number)의 항을 가진 경우를 유한수열(limited sequence)라고 한다. 나아가 이 수열의 두 번째 항은 첫 번째 항에 (1+0.04)를 곱한 것이며, 세 번째 항은 두 번째 항에 (1+0.04)를 곱한 것이며 여섯 번째 항은 다섯 번째 항의 값에다 역시 (1+0.04)를 곱한 것임을 알 수 있다. 이러한 수열을 유한기하수열(geometric sequence), 특히 유한등비수열(finite geometric series)이라고 부른다.

위의 [예 1]을 다음과 같이 일반화하여 보자.

특정한 저축금액 S_0에 대해 매년 동일한 연 이자율 r%를 지급한다고 하면 n년 후에 이 금액은 다음과 같은 미래가치(S_n)를 가지게 될 것이다.

$$S_n = S_0(1+r)^n \qquad \textbf{(Eq. 5-1)}$$

여기서 r은 연 이자율 (%), n은 시간(time), S_0은 초기 값(현재 가치), S_n은 미래가치를 나타냄

[예 2]

만약 이 계좌에 매년 초에 매번 $100씩 저축한다고 하면 6년차 말에 이 계좌의 총액은 아래의 표와 같이 주어질 것이다.

기간 (연말)	1년차	2년차	3년차	4년차	5년차	6년차
1년차 저축액 ($)	$100(1+0.04)$	$100(1+0.04)^2$	$100(1+0.04)^3$	$100(1+0.04)^4$	$100(1+0.04)^5$	$100(1+0.04)^6$
2년차 저축액 ($)		$100(1+0.04)$	$100(1+0.04)^2$	$100(1+0.04)^3$	$100(1+0.04)^4$	$100(1+0.04)^5$
3년차 저축액 ($)			$100(1+0.04)$	$100(1+0.04)^2$	$100(1+0.04)^3$	$100(1+0.04)^4$
4년차 저축액 ($)				$100(1+0.04)$	$100(1+0.04)^2$	$100(1+0.04)^3$
5년차 저축액 ($)					$100(1+0.04)$	$100(1+0.04)^2$
6년차 저축액 ($)						$100(1+0.04)$

6년차 말에 구하고자 하는 저축의 총금액($\sum_{n=1}^{6} S_n$)은 다음과 같이 구할 수 있다.

$$100(1+0.04)^6+100(1+0.04)^5+100(1+0.04)^4$$
$$+100(1+0.04)^3+100(1+0.04)^2+100(1+0.04)$$

즉, 유한등비수열(finite geometric series 혹은 유한기하급수)의 합이 된다. 이 유한등비수열의 합은 다음과 같이 표현할 수 있다.

$$\Sigma = 100(1+0.04)^1 \begin{Bmatrix} 1+(1+0.04)^1+(1+0.04)^2+(1+0.04)^3 \\ +(1+0.04)^4+(1+0.04)^5 \end{Bmatrix}$$

$$= 100(1.04)\frac{\left[1-1.04^6\right]}{1-1.04} = 689.83(\$)$$

이와 같이 일정한 비율로 성장하는 투자의 미래가치(future value)의 합을 아래와 같이 초항이 Ar이고 등비가 r인 유한등비수열이라고 가정해서 6년 후의 합으로 계산 해보면 다음과 같이 식(Eq. 5-2)로 표현할 수 있다.

$$Ar + Ar^2 + Ar^3 + Ar^4 + Ar^5 + Ar^6 \qquad \textbf{(Eq. 5-2)}$$

위의 식(Eq. 5-2)을 조금 더 일반화해서 고려해 보자.

초항이 a로 주어져 있고 등비가 r이며 총 항의 개수가 n개로 이루어진 유한등비수열의 합을 구하고자 한다면 다음과 같이 표현할 수 있다.

$$\Sigma = a + ar + ar^2 + ar^3 + \cdots + ar^{n-1} = a\frac{1-r^n}{1-r}$$

(Eq. 5-2a)

[예 3]

(1) 다음에 주어진 등비수열의 합을 구하여라.

$$1+\left(\frac{1}{2}\right)+\left(\frac{1}{2}\right)^2+\left(\frac{1}{2}\right)^3+\left(\frac{1}{2}\right)^4+\left(\frac{1}{2}\right)^5+\left(\frac{1}{2}\right)^6+\left(\frac{1}{2}\right)^7$$

이 등비수열의 경우 초항은 1이며, 등비 r은 $\left(\frac{1}{2}\right)$인 경우이다. 항의 개수(n)는 7이므로 다음과 같이 이 등비수열의 합을 계산한다.

$$a\frac{(1-r)^7}{(1-r)}=1\times\frac{\left(1-\frac{1}{2}\right)^7}{\left(1-\frac{1}{2}\right)}=1.984375$$

(2) 다음에 주어진 등비수열의 합을 구하여라.

$$3+3^2+3^3+3^4+3^5$$

이 등비수열의 초항은 3, 등비는 3이며 항의 개수는 5이므로 식(Eq 5-2a)로 주어진 공식을 활용하여 합을 구할 수도 있지만, 여기서는 등비 r이 1보다 큰 경우이므로 다음과 등비수열의 합은 다음과 같이 표현할 수 있다.

$$a\frac{(r-1)^n}{(r-1)},\text{여기서 } r>1 \qquad \textbf{(Eq. 5-2b)}$$

식(Eq 5-2b)를 사용하여 등비수열의 합을 다음과 같이 구한다.

$$a\frac{(1-r)^5}{(1-r)}=3\times\frac{(3-1)^7}{(3-1)}=3\times64=192$$

2) 감가상각과 잔존가치

[예 4]

연초에 $100에 샀던 기계가 매년 20%씩 감가상각(depreciation)한다고 가정하자. 즉 연말에 이 기계의 가치는 년 초 대비 80% 수준에 불과하다. 감가상각 후 매년 말의 기계 가치와 5년차 말의 기계 가치, 즉 잔존가치(residual value)는 다음과 같이 구할 수 있다.

기간(연말)	1년차	2년차	3년차	4년차	5년차
금액($)	100(1−0.20)	$100(1-0.20)^2$	$100(1-0.20)^3$	$100(1-0.20)^4$	$100(1-0.20)^5$

[예 5]

만약 매년 $100씩 하는 기계를 한 대씩 구입하고, 각 기계는 전부 매년 20%씩 감가상각 한다고 가정하자. 5년차 말의 기계 5대의 감가상각 후 잔존가치는 총 얼마인지를 구하라.

각 년도의 초에 구입한 기계는 잔존가치는 아래 표와 같이 주어질 것이다.

기간(연말)	1년차	2년차	3년차	4년차	5년차
첫 번째 기계	100(1−0.20)	100(1−0.20)2	100(1−0.20)3	100(1−0.20)4	100(1−0.20)5
두 번째 기계		100(1−0.20)	100(1−0.20)2	100(1−0.20)3	100(1−0.20)4
세 번째 기계			100(1−0.20)	100(1−0.20)2	100(1−0.20)3
네 번째 기계				100(1−0.20)	100(1−0.20)2
다섯 번째 기계					100(1−0.20)

5년차 말의 5대 기계의 잔존 가치의 합은 다음과 같이 구할 수 있다.

$$\Sigma = 100(1-0.20) + 100(1-0.20)^2 + 100(1-0.20)^3 + 100(1-0.20)^4 + 100(1-0.20)^5$$

즉, 유한등비수열의 합이다.

$$\begin{aligned}\Sigma &= 100(1-0.20) + 100(1-0.20)^2 + 100(1-0.20)^3 + 100(1-0.20)^4 + 100(1-0.20)^5 \\ &= 100(1-0.20)\{1 + (1-0.20) + (1-0.20)^2 + (1-0.20)^3 + (1-0.20)^4\} \\ &= 100(1-0.20)\frac{1-(1-0.20)^5}{1-(1-0.20)} = 268.93(\$)\end{aligned}$$

앞에서 식(Eq. 5-1)은 현재가치와 (S_0)와 미래가치(S_n)사이의 관계를 보여주다.

$$S_n = S_0(1+r)^n \qquad \textbf{(Eq. 5-3)}$$

이자율 r이 일정하게 n기간 동안 유지된다고 하는 경우 이 공식을 사용하여 미래가치(S_n)의 현재가치(S_0)를 다음과 같이 도출할 수 있다.

$$S_0 = \frac{S_n}{(1+r)^n} = S_n(1+r)^{-n} \qquad \textbf{(Eq. 5-4)}$$

2. 무한등비수열과 승수효과

모든 소비자는 자신이 번 소득의 80%를 소비한다고 가정하자. 이렇게 소비된 금액은 다른 사람의 소득이 되어 이 소득으로 다시 80%를 소비하는 과정이 무한히 지속된다고 가정하자. 이는 소비자의 한계소비성향(marginal propensity to consume: MPC)이 0.8이라는 의미이다.

예를 들면, 첫 번째 소비자가 백 달러($100)를 소득으로 벌어들인 후 이 중에서 $80를 소비하면 그 소비는 두 번째 사람의 소득이 된다고 하자. 그 두 번째 사람이 $80의 80%를 소비하면 그 소비는 세 번째 사람의 소득이 되고, 세 번째 사람은 그 중 80%를 소비하면 네 번째 사람의 소득이 되고 하는 그 과정이 무한이 반복된다고 가정할 수 있다. 즉, 마지막 항이 존재하지 않는 무한등비수열(infinite geometric series)로 생각해 볼 수 있다.

즉,

첫 번째 개인의 소득: $100, 그 중에서 80%인 80$를 소비

두 번째 개인의 소득: $100*0.8, 그 중에서 80%인 80$*0.8

세 번째 개인의 소득: ($100*.08)*0.8, 그 중에서 80%인 64$*0.8

네 번째 개인의 소득: ($100*.08)*0.8*0.8, 그 중에서 80% 소비

…

이 과정이 무한 반복일 때 모든 사람에게 발생하는 총소득은 다음과 같은 무한등비수열의 (혹은 무한등비급수)의 합으로 표시할 수 있다.

$$\$100+\$100(*0.8)+\$100(*0.8)(*0.8)$$
$$+\$100(*0.8)(*0.8)(*0.8)+\cdots$$

이 경우 이 무한등비수열의 합은 다음과 같이 구해진다.

$$\begin{aligned}\Sigma &= \$100(1+0.8+0.8^2+0.8^3+0.8^4+\cdots)\\ &= \$100\left\{\frac{1}{(1-0.8)}\right\}\\ &= \$100*5=\$500\end{aligned}$$

첫 번째 개인의 소득, 즉 초기 소득 백 달러($100)는 경제 전체에 $500의 효과를 유발하는데 이를 초기 소득지출, 즉 소비의 승수효과(multiplier effect)라고 부른다.

위의 예에서 보는 것과 같은 무한등비수열의 합을 공식으로 정리해보면 다음과 같이 표현할 수 있다.

$$S=Ar+Ar^2+Ar^3+Ar^4+\cdots \qquad \textbf{(Eq. 5–5)}$$

이를 간단히 아래와 같이 표현한다.

$$\sum_{k=1}^{\infty} Ar^k$$
$$\Sigma = Ar(1+r+r^2+r^3+....)=Ar\left\{\frac{1}{1-r}\right\}, \text{단 } |r|<1$$

이와 같이 등비 r이 $|r|<1$ 인 경우에는 수열의 항이 점점 작아져 0

에 접근하게 되고 합이 존재하게 된다. 이 경우 무한등비수열은 수렴한다(converge)고 말한다.

여기서

- 등비수인 r이 $|r|=1$ 라면 이 무한등비수열은 수렴하지 않는다.
- 만약 r=1이라면 각 항은 동일한 값을 가지게 되고 항의 수가 무한이므로 합은 무한대가 된다. r=−1인 경우 각 항은 두 값 사이에서 무한 진동한다(oscillate).
- 무한등비수열의 경우 $|r|>1$ 이면 항의 값이 점점 커지기 때문에 이 무한등비수열의 합은 무한대가 될 것이다. 즉, 이 경우 무한등비수열은 발산한다(diverge).

Chapter

VI

국제무역이론에서 사용되는 기본 개념과 분석 틀

국제경제와 무역론 이해를 위한
기초 개념과 기본 분석 도구

Chapter

VI

국제무역이론에서 사용되는 기본 개념과 분석 틀

전통적인 국제무역 이론을 이해함에 있어서 기본적인 틀은 생산과 생산 기술, 생산요소 및 소비가 한 국가 내에서 발생하여 그 국가 내에서 생산된 재화들의 상대가격의 차이가 외국과의 무역을 발생하는 원인임을 이해할 필요가 있다.[1] 즉, 각 국가에서 존재하는 두 재화가 교환되는 비율인 상대가격의 차이가 발생하는 원인을 파악하면 이는 곧 무역 발생의 원인이 된다는 의미이다.

일반적으로 사용하는 커다란 틀은 두 개의 재화 (X, Y)를 생산요소를

1 이 언급은 국제무역이론에서 생산 기술이 수확불변이 함수인 경우, 따라서 시장의 형태가 완전경쟁인 경우에 적용하게 되며 이에 따라 각 국가 간의 소비, 생산 등 어떠한 형태로의 차이가 존재하여야 무역이 발생한다는 것을 전제로 하였다. 그러나 생산 기술이 규모의 경제의 성격을 가지게 되고 이에 따라 시장의 형태가 불완전 경쟁의 형태로 변화되는 경우에는 각 국가 간 반드시 어떤 차이가 존재하지 않아도 무역이 발생할 수 있다는 것을 이론적으로 설명하는 것이 가능하게 되었다. 그럼에도 불구하고 전통적인 무역이론은 신무역이론을 이해하는 데 중요한 기초가 된다는 점에서 서술한다.

가지고 생산하며 이 두 개의 재화를 소비자는 소비하여 만족 혹은 효용을 도출한다고 가정한다.

생산요소를 노동(L)이라는 하나만 존재한다고 가정하여 무역의 발생 원인을 기회비용[2]의 차이에 근거한 비교우위에 두는 데이비드 리카도의 국제무역 이론[3]이 있지만, 흔히 생산요소는 노동(L: labor)과 자본(K: capital)이라는 두 개의 요소로 구성되고, 국가 간 사용하는 생산 기술이 동일하다고 했을 때 생산요소의 국간 간 부존도의 차이로 인해 각국에서 재화의 상대가격, 즉 교환 비율의 차이가 발생한다. 국가 간 비교에서 국가는 상대적으로 저렴한 재화에 비교우위를 가지게 되고 이는 무역 발생의 원인으로 작동한다.

일반적으로 이 두개의 생산요소는 한 국가 내에서는 X재 산업과 Y재 산업에서의 이동이 자유로운 반면 국가 간 이동은 없다고 가정한다. 이 가정은 X재 산업에서 사용되는 노동(L_X)과 Y재 산업에서 사용되는 노동(L_Y)은 동일한 성질이며 노동의 가격, 즉 임금이 산업 간 동일하다는 것을 의미한다. 자본도 산업간 이동의 자유가 보장되므로 X재 산업에 사용되는 자본량(K_X)과 Y재 산업에 사용되는 자본량(K_Y)에 대한 자본 가격(흔히, 이자율로 표시함)도 X재 산업과 Y재 산업에서 동일하게 된다.

---

2 생산에서 기회비용(opportunity cost)이라는 개념은 특정 재화의 생산에 생산요소를 투입하여 산출물을 만들어 내면 그 생산요소들은 다른 재화의 생산에는 더 이상 투입할 수 없다는 의미인데, 특정 재화 한 단위를 생산함으로써 포기해야하는 (영어로는 foregone 이라는 표현을 사용함) 다른 재화의 생산량이 기회비용이다. 따라서 특정 재화 생산의 기회비용은 희생한 다른 재화의 생산량과 단위가 된다.

3 데이비드 리카도는 1817년 비교우위론을 주장하였는데, 이는 1807년 아담 스미스가 국제무역의 근원을 절대우위(absolute advantage)라고 주장했던 것과 달리 비교우위론은 한 국가가 생산에 있어서 절대우위가 없더라도 다른 국가에 비해 상대적으로 생산에서 작은 기회비용을 가진 경우 비교우위(comparative advantage)를 가지게 되고 이로 인해 각국은 서로 이득이 되는 무역을 한다는 고전무역이론이다.

생산요소 이동의 자유성과 더불어 모든 생산요소는 X재 생산과 Y재 생산에 전부 투입된다는 완전고용을 전제하고 있다. 즉, 놀고 있는 노동과, 사용되지 않은 자본은 없다는 것을 가정한다.

만약 한 나라에 주어진 노동의 양을 $\overline{L}$, 자본의 양을 $\overline{K}$라고 한다면 노동과 자본의 완전고용은 다음과 같이 표현할 수 있다.[4]

$$L_X + L_Y = \overline{L} \qquad \textbf{(Eq. 6-1)}$$

여기서 L_X는 X재 생산에 사용된 혹은 투입된 노동의 양을 나타내고, L_Y는 Y재 생산에 사용된 노동의 양을 나타낸다.

$$K_X + K_Y = \overline{K} \qquad \textbf{(Eq. 6-2)}$$

여기서 K_X는 X재 생산에 사용된 자본의 양을 나타내고, K_Y는 Y재 생산에 사용된 자본의 양을 나타낸다.

이와 같은 가정과 전제를 바탕으로 생산과 소비를 고려하고, 이 두 상태를 한 곳에 모아 한 국가 내에서의 무역 전 균형을 도출하며, 개방을 통해 무역을 하게 될 경우의 새로운 균형, 즉 무역 후 균형을 도출함으로써 국제무역을 설명한다.

4 $\overline{L}$ 와 $\overline{K}$ 는 각각 '엘바', '케이바'라고 읽는다.

1. 생산함수(Production Function)

주어진 기술을 가지고 노동(L)과 자본(K)이라는 두 개의 생산요소(factors of production 혹은 production factors라고 함)를 결합하여 특정한 양의 재화 Y를 생산한다고 가정하자. 이를 재화 Y의 생산함수(production function)이라고 한다.

$$Y = F(L, K) \qquad \textbf{(Eq. 6–3)}$$

여기서 각 변수는 다음을 나타낸다.

Y: 산출물의 양;
F: 생산 기술을 나타내는 생산함수, 즉 일종의 블랙박스
K: 자본(capital)량,
L: 노동량(노동자 수, 노동 시간; labor),

식(Eq. 6–3)은 노동(L)과 자본(K)을 투입하고 생산 기술(F)을 사용하여 Y수준의 산출물이 생산됨을 의미한다. 즉, Y는 Y라는 재화이기도 하지만 생산량을 나타내기도 한다.

1) 노동과 자본의 한계생산성 (Marginal Productivity)

한계생산성(marginal productivity)은 노동 혹은 자본의 투입량 변화에 따른 산출물 Y의 변화량을 의미한다. 엄격한 의미의 한계생산성

은 다른 생산요소의 투입량을 고정한 상태에서 특정 생산요소의 투입을 1단위 변화했을 때 변화하는 산출물의 양을 의미한다. 따라서 노동의 한계생산성(marginal productivity of labor: MP_L)은 식(Eq. 6-3)으로 편미분하는 것이라고 할 수 있다.

$$MP_L \equiv \frac{\partial Y}{\partial L} = \frac{\partial F(L,K)}{\partial L} = F_L \qquad \textbf{(Eq. 6-4)}$$

편미분임으로 기호 ∂("델(dell)"이라고 읽음)을 사용한다.

식(Eq. 6-4)는 앞서 언급한 바와 같이, 생산함수(F)를 L에 대해 편미분한다는 것은 자본(K)의 투입량이 고정되어 있다고 가정한 함수의 기울기를 구하는 것과 같다는 의미이다.

자본의 한계생산성(marginal productivity of capital: MP_K) 역시 비슷한 방법으로 도출할 수 있다. 즉, MP_K는 식(Eq. 6-3)으로 주어진 함수 Y를 K에 대해 편미분하는 것이다.

$$MP_K \equiv \frac{\partial Y}{\partial K} = \frac{\partial F(L,K)}{\partial K} = F_K \qquad \textbf{(Eq. 6-5)}$$

식(Eq. 6-5)는 식(Eq. 6-4)와 마찬가지로 해석할 수 있는데, 생산함수(F)를 K에 대해 편미분한다는 것은 노동(L)의 투입량이 고정되어 있다고 가정한 함수의 기울기를 구하는 것과 같다는 의미이다.

2) 총생산물 곡선(혹은 총산출물 곡선), 한계생산성 및 수확체감의 법칙

식(Eq. 6-3)에 주어진 생산함수에서 두 개의 생산요소 L과 K중 하나의 생산요소의 사용/투입량을 고정시키고 다른 생산요소의 사용량을 변화시킬 때 이에 대응하여 변화하는 산출물 Y의 양을 나타내는 그래프를 총생산물 곡선 혹은 총산출물 곡선이라고 한다.

고정된 생산요소는 $\overline{K}$ 혹은 $\overline{L}$ 라고 표시하고 각각 “K-bar”와 “L-bar”라고 읽는다.

생산에 투입되는 생산요소 중 고정투입량이 있다는 것은 시간적인 관점에서 보았을 때 단기(short-run 혹은 short-term)를 의미하는데, 일반적으로 경제학에서 단기에 고정된다고 가정하는 투입/생산 요소는 자본이다.

따라서 총생산물 곡선은 투입되는 자본 양이 고정($\overline{K}$)된 상태에서 노동(L)투입 양에 따른 산출물(Y)의 변화를 보여준다고 할 수 있다. 단기 생산함수는 아래와 같이 표현한다.

$$Y = F(L, \overline{K}) = F(L)_{K = \overline{K}} \text{ 혹은 } Y = F(L, \overline{K}) = F(L)$$

(Eq. 6-3')

식(Eq. 6-3')에 주어진 총생산물 곡선을 그림으로 나타내면 아래 〈그림 6-1〉과 같이 표현할 수 있다.

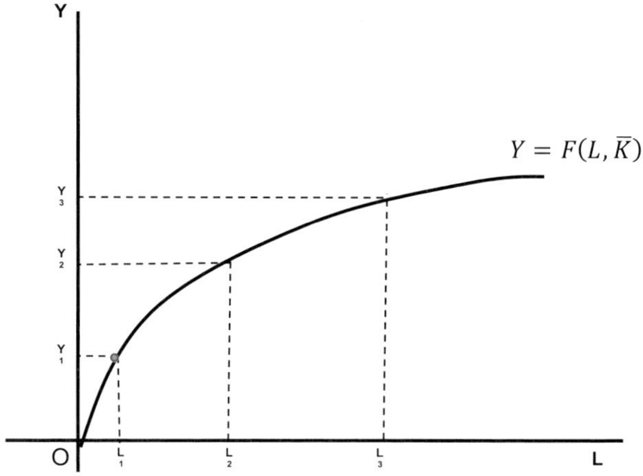

〈그림 6-1〉 총생산물 곡선

위의 〈그림 6-1〉에서 보는 바와 같이 총생산물 곡선이 원점에서 시작하는데 그 이유는 생산요소 중 하나라도 투입량이 0이면 그 재화의 생산이 이루어지지 않는다는 것을 전제로 하고 있기 때문이다. 즉, 모든 생산요소는 재화의 생산에 반드시 필요하다고 가정한다.

〈그림 6-1〉에 주어진 것처럼 이 총생산물 곡선에서 투입된 특정 양의 노동, 예를 들면 L_1에서 총생산량과 그 점에서의 기울기를 구할 수 있는데 이는 〈그림 6-2〉에서와 같이 그 점에 접하는 접선으로 표현한다.

즉, 노동투입 양 L_1에 해당하는 산출물의 양 Y_1을 나타내는 좌표(L_1, Y_1)는 이 총생산물 곡선 위에 위치하는데, 이 점을 지나는 직선 ("접선(tangent line"이라고도 함)의 기울기는 앞서 학습한 바와 같이 바로 이 점에서 노동의 한계생산성(marginal productivity of labor: MP_L)이라고 할 수 있다.

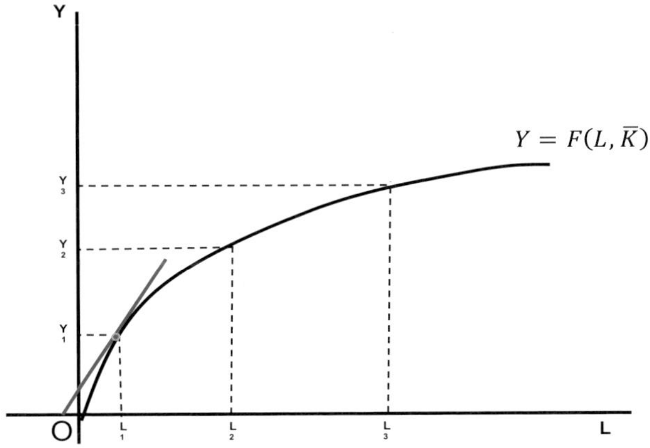

〈그림 6-2〉 총생산물 곡선과 노동의 한계생산성

노동 투입량 L1에서의 노동의 한계생산성은 $MP_L(L_1)$ 혹은 괄호 안의 L1을 생략한 상태인 흔히 MP_L으로 표시한다.

노동의 한계생산성(MP_L)은 총생산물 곡선의 기울기를 나타냄으로 생산함수를 나타내는 식(Eq. 6-3')을 미분함으로써 도출한다.[5]

$$MP_L = \frac{\partial F(L, \overline{K})}{\partial L} = \frac{dF(L, \overline{K})}{dL} = F_L \qquad \text{(Eq. 6-6a)}$$

동일한 개념으로 자본의 한계생산성(Marginal productivity of capital)은 MP_K으로 표시하며, 다음과 같이 도출한다.

$$MP_K = \frac{\partial F(L, K)}{\partial K} = \frac{dF(L, K)}{dK} = F_K \qquad \text{(Eq. 6-6b)}$$

5 엄격한 의미에서는 델(∂) 기호를 사용하는 편미분이지만 자본(K)량이 고정되어 있으므로, 즉 $\overline{K}$에 고정되어 변하지 않으므로 일반 미분기호인 d를 사용하여 미분한다.

2-1) 수확체감의 법칙(The Law of Diminishing Returns)

자본 사용량이 $(\overline{K})$에 고정되어 있는 상태에서 노동투입 양만을 증가시키면 노동투입 양의 증가에 따라 산출물의 양은 증가한다. 그러나 그림 〈그림 6-1〉 혹은 〈그림 6-2〉에서 보는 것처럼 그 노동투입 양이 증가함에 따라 산출물의 증가 양이 점점 감소하는 현상이 발생한다.

노동투입 양이 증가하면, 즉 수평축을 따라 L이 원점에서 점점 멀어지게 되면, 각 L 투입 양에 해당하는 총생산물의 양을 곡선에서 찾을 수 있고, 그 점에서 접선의 기울기는 점점 더 완만해진다. 이런 현상을 노동의 "한계생산성이 체감(diminishing)한다"[6]라고 말한다.

노동의 한계생산성이 체감한다는 것을 수학적으로 표시하면 다음과 같은 의미이다. 총생산량은 증가하는데 그 증가분이 점점 작아진다는 의미로서, 즉 기울기의 기울기가 음수가 된다는 의미한다. 이는 나아가 원래 주어진 생산함수를 두 번 미분한 것(즉, 기울기의 기울기 혹은 원래 함수를 미분한 것을 한 번 더 미분한다는 의미))이 음수가 된다는 의미이고 다음과 같이 나타낼 수 있다.

$$MP_L > 0 \, with \, \frac{dMP_L}{dL} < 0 \qquad \textbf{(Eq. 6-7)}$$

혹은

6 체감(diminishing)한다는 말은 증가는 하나는 그 증가율이 점진적으로 작아진다는 의미한다. 최근 미국 연방준비위원회(Federal Reserve)에서 국채 매입을 통해 통화량을 증가시키는 양적팽창(Quantitative Ease)을 점진적으로 축소하겠다는 의미의 '테이퍼링(tapering)'과 같은 의미라고 할 수 있다. 즉, 체감이라는 말은 증가는 시키되 증가시키는 양을 점진적으로 줄이겠다는 의미라고 할 수 있다.

$$\frac{dF(L,\overline{K})}{dL} = F_L > 0\, with\, \frac{dF_L}{dL} \equiv \frac{d^2F(L,\overline{K})}{dL} < 0 \quad \textbf{(Eq. 6-8)}$$

자본투입 양도 변화시킬 수 있다고 가정한 후 동일한 개념을 자본에 적용하면 자본의 한계생산성이 체감하는 것을 다음과 같이 나타낼 수 있다. 이 경우 자본의 한계생산성이 체감하기 위해서는 무엇인가 다른 요소가 고정되어 있어야 한다는 것을 암묵적으로 가정하고 있다.

$$MP_K > 0\, with \frac{dMP_K}{dK} < 0 \qquad \textbf{(Eq. 6-9)}$$

한계생산성이 체감한다는 것을 그림으로 이를 나타내면 〈그림 6-3〉에서 보는 같이 총생산물곡선 상의 접점에서 기울기가 점점 완만해지는 것으로 표시할 수 있다.

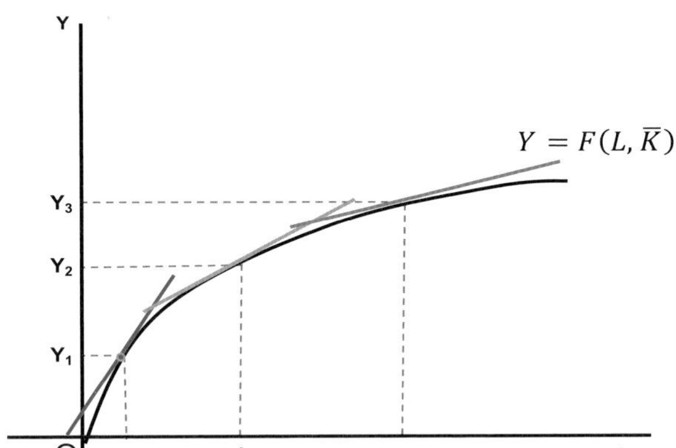

〈그림 6-3〉 한계생산성 체감의 법칙

총생산물 곡선의 이동과 노동의 한계생산성

총생산물 곡선을 도출할 때 생산함수에 포함된 두 개의 생산요소 중 하나의 생산요소, 예를 들면 K가 고정되어 있다 즉 ($\overline{K_0}$)이라고 하는 가정에서 도출한다.

만약 고정되어 있다고 하는 생산요소인 K의 투입량이 K_1로 증가하고 이 수준에서 다시 고정된다고 가정하자. 즉, $\overline{K_1} > \overline{K_0}$이라고 가정하자. 증가된 자본투입 양 수준에서 도출된 총생산물 곡선은 모든 노동투입 양에 대해서 이전보다 더 높은 수준의 산출물을 만들어 낸다.

예를 들면, 생산시설에 대한 투자를 통해 생산시설과 규모는 투자 이전보다 확대되지만, 그 이후에는 확대된 생산시설과 규모에서 그대로 유지되고 있지만 이 경우 동일한 양의 노동투입이 이루어진다면 각각의 노동투입 양에서 그 이전 보다는 생산량이 증가한다.

이는 〈그림 6-3a〉에서 보는 것처럼 일종의 총생산물 곡선이 원점을 중심으로 반시계(anti-clockwise) 방향으로 회전하는 것과 동일한 현상이다.

〈그림 6-3a〉에서 흥미로운 점을 발견할 수 있다. 자본투입 양이 증가된 상태, 즉 $\overline{K_1} > \overline{K_0}$ 인 상태에서는 동일한 양의 노동(L_2)을 투입하더라도 총산출물 양이 증가한다. 즉, A_2가 A_1보다 높은 곳에 위치한다. 이 뿐만 아니라 해당 노동투입 양에서 노동의 한계생산성 또한 증가한다는 사실이다. 노동의 한계생산성이 증가한다는 것은 기존의 노동투입 양 (L_2)에 해당하는 총생산물 곡선상의 점 A_1에 접하는 기울기보다 새로운 총생산물 곡선 위의 점 A_2에서 접하는 기울기가 더 크다는 말이다.

즉, 점 A_1에서 노동의 한계생산성은 $MP_L(\overline{K_0})$이며, 새로운 총생산물 곡선 위의 점 A_2에서 노동의 한계생산성은 $MP_L(\overline{K_1})$가 된다. 이는 $MP_L(\overline{K_1}) > MP_L(\overline{K_0})$임을 의미한다.

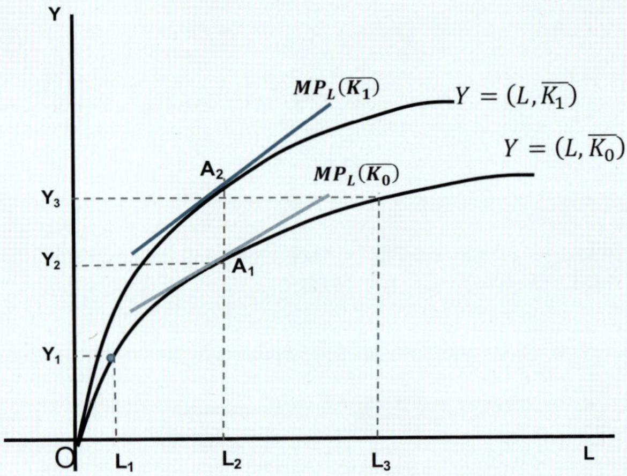

〈그림 6-3a〉 총생산물 곡선의 이동

동일한 노동투입 양과 자본투입 양을 가지고도 생산 기술의 발전이 동반되는 경우에는 총생산물 곡선은 이전보다 더 높은 곳으로 이동할 수 있고 이에 따라 노동 한계생산성과 자본 한계생산성이 증가한다.

이러한 사실은 노동 한계생산성이 증가하기 위해서 시설투자와 같은 자본 투입 양의 증가와 연구개발(R&D) 노력이 필요하다는 것을 나타낸다.

2. 생산함수와 등량선

생산함수를 나타내는 식(Eq. 6-3)을 관찰해 보면 동일한 양의 산출물(Y_0) 생산하기 위해서 무수히 많은 노동(L)과 자본(K)의 결합이 가능함을 알 수 있다. 이렇게 동일한 산출물 양을 생산하는 노동과 자본의 결합을 그림으로 표시해 보면 다음과 같이 나타나는데 이를 등량선(isoquant)이라고 부른다.

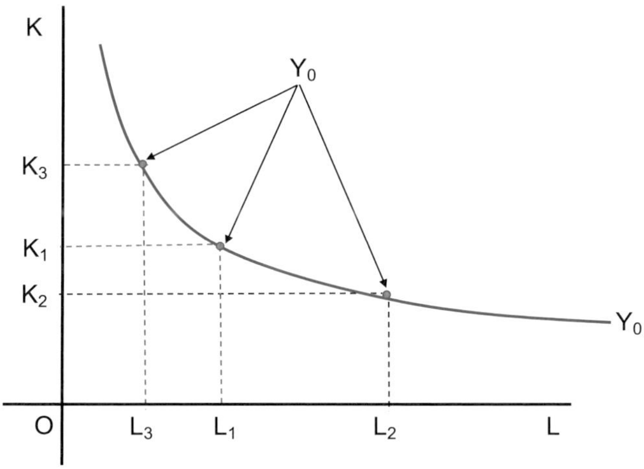

〈그림 6-4〉 등량선

〈그림 6-4〉에서는 보는 바와 같이 등량선은 매끈하고 원점에 대해 볼록(convex to the origin)하다고 말한다.

볼록함수와 오목함수

볼록함수(convex function): 볼록함수란 곡선 위의 두 점을 연결한 선이 곡선보다 위에 있는 경우의 함수를 말하며 다음과 같은 성질을 가지고 있다.

$$\omega f(x_1) + (1-\omega) f(x_2) \geq f(wx_1 + (1-\omega)x_2)$$

여기서 ω 는 가중치를 나타내며 $0 \leq \omega \leq 1$, x_1 과 x_2는 실수를 나타낸다.

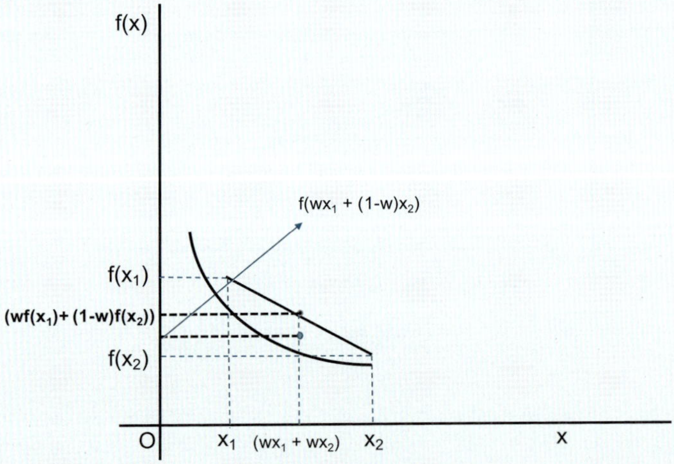

〈그림 6-5a〉 볼록함수

오목함수(concave function): 오목함수란 곡선 위의 두 점을 연결한

선이 곡선보다 아래에 있는 경우의 함수를 말하며 다음과 같은 성질을 가지고 있다.

$$\omega f(x_1)+(1-\omega)f(x_2)\leq f(wx_1+(1-\omega)x_2)$$

여기서 ω 는 가중치를 나타내며 $0\leq\omega\leq 1$, x_1과 x_2는 실수를 나타낸다.

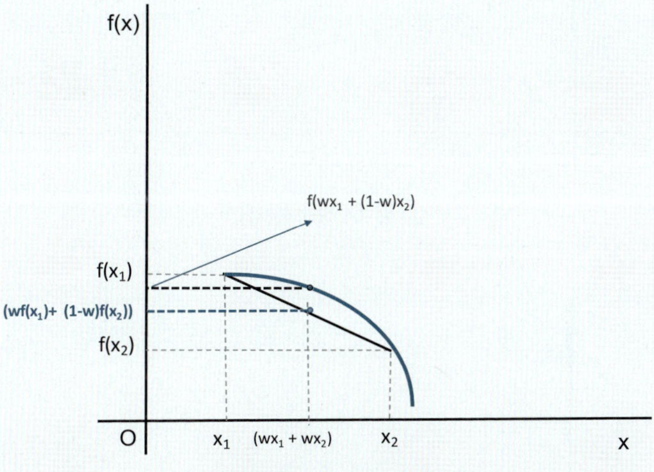

〈그림 6-5b〉 오목함수

더 많은 노동과 더 많은 자본이 투입되면 더 많은 산출물을 생산할 수 있는데 이는 노동과 자본의 한계생산성이 양수이기 때문이다.

생산요소를 더 많이 투입하게 되면 더 많은 산출물을 만들어 낼 수 있다는 의미는 새로운 등량선이 원래의 등량선 보다 밖으로 이동하며 원점에서 멀어진다는 의미이다. 이를 그림으로 나타내면 〈그림 6-6a〉와 〈그림 6-6b〉에 주어진 바와 같다.

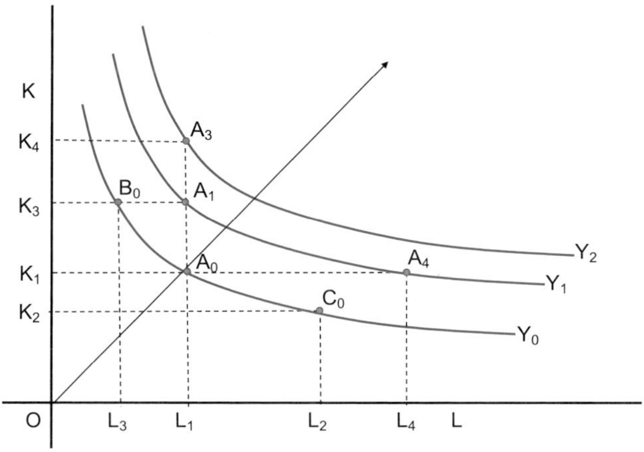

〈그림 6-6a〉 등량선

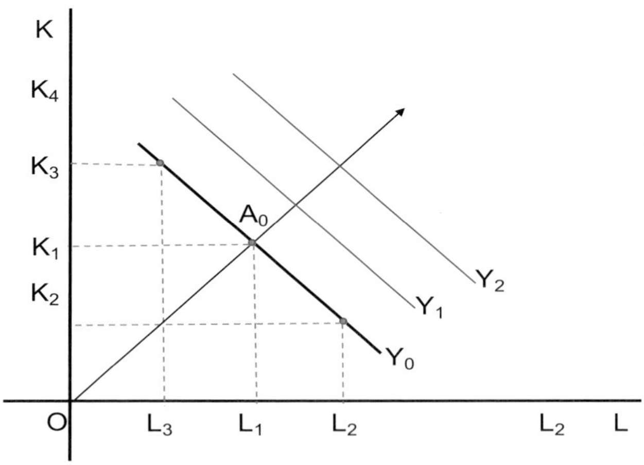

〈그림 6-6b〉 등량선

등량선은 〈그림 6-6a〉에서 보는 것처럼 원점에 대해서 볼록할 수도 있고, 〈그림 6-6b〉에서 보는 것처럼 직선으로 나타날 수도 있는데 두 경우 모두 "볼록함수'에 해당한다.

3. 등량선과 한계기술대체율

〈그림 6-7〉에서 보는 바와 같이 동일한 산출량 Y_0를 생산하는데 점 B_0에서 점 A_0로 그리고 점C_0로 움직임에 따라서 노동 L과 자본 K의 결합량이 변화하는 것을 관찰할 수 있다.

동일한 등량선 위에서의 이런 이동은 노동 L과 자본 K가 동일한 양의 생산물을 생산함에 있어서 기술적으로 상호 대체되는 것을 나타낸다. 즉, 노동을 더 많이 투입하려고 하면 자본투입 양을 줄여야 하거나 혹은 그 반대의 경우이다. 이를 한계기술대체율(혹은 기술적 한계대체율: marginal rate of technical substitution of L for K: $MRTS_{L,K}$ 혹은 간단히 MRTS)이라고 한다. 즉, 생산 과정에서 노동이 기계를 대체하거나 혹은 기계가 노동을 대체하는 경우에 발생한다. 이 현상은 동일한 등량선 위에서 노동과 자본이 생산에서 상호 대체되는 경우이다.

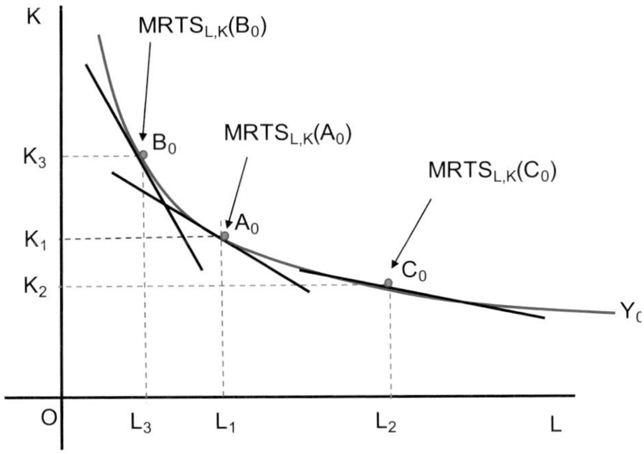

〈그림 6-7〉 등량선과 변하는 한계기술대체율

한계기술대체율은 등량선 상의 각 점 B_0, A_0 그리고 C_0에서의 기울기로 측정된다. 이는 등량선을 미분 혹은 편미분한다는 의미에 해당한다. 이를 그림으로 나타낸 것이 〈그림 6-7〉이다.

〈그림 6-7〉에서 보는 바와 같이 등량선 위의 점 B_0에서 점 A_0로 그리고 점 C_0로 움직임일 때 한계기술대체율, 즉 기울기는 점점 더 완만해진다.

[예 1]

그림 아래 그림 〈그림 6-8〉에서 한계기술대체율은 어떻게 변화한다고 할 수 있는가?

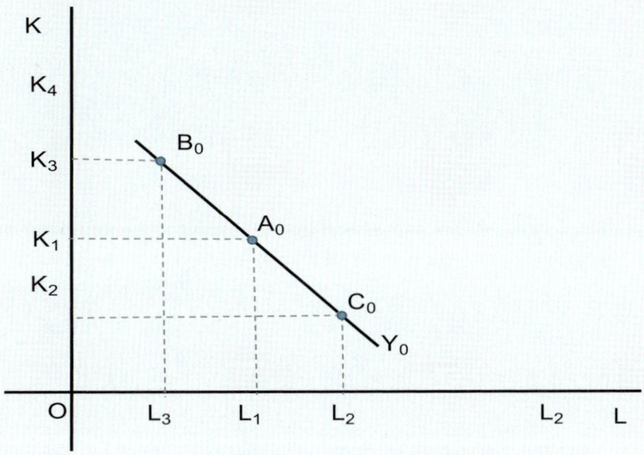

〈그림 6-8〉 등량선과 일정한 한계기술대체율

등량선과 등량선의 기울기를 구하고자 할 때는 등량선을 나타내는 생산함수에서 각 생산요소에 대한 종속변수를 전미분하여 그 관계를 고려할 필요가 있으며 다음과 같이 접근할 수 있다.

- 노동(L)과 자본(K) 투입량을 동시에 변화시킬 때 산출물(Y)의 양이 얼마나 변화하는 지 파악하고자 한다.

- 자본투입량은 고정한 상태에서 노동투입량을 변화시키면 산출물은 노동의 한계생산성 (MP_L)에 노동의 변화량을 곱한 것만큼 변화한다.

노동의 한계생산성(MP$_L$)은 $MP_L = \dfrac{\partial F(L,K)}{\partial L} = F_L$ 로 주어지기 때문에 노동 투입량의 변화에 따른 산출물의 변화량은 $F_L dL$이 된다고 할 수 있다. 즉, (노동의 한계생산성×노동투입의 변화량)이 된다.

- 노동투입량을 고정한 상태에서 자본투입량을 변화시키면 산출물은 자본의 한계생산성 (MP$_L$)에 자본의 변화량을 곱한 것만큼 변화한다.

자본의 한계생산성(MP$_K$)은 $MP_K = \dfrac{\partial F(L,K)}{\partial K} = F_K$이기 때문에 자본 투입량의 변화에 따른 산출물의 변화량은 $F_K dK$가 된다.

노동(L)과 자본(K)의 투입량을 동시에(혹은 전부) 변화시키면 산출물 Y가 변화하는 양(dY)는 다음과 같이 표현할 수 있다.

$$dY = F_L dL + F_K dK \equiv MP_L dL + MP_K dK \qquad \textbf{(Eq. 6-10)}$$

그런데 이와 같이 노동과 자본의 투입 양을 변화시키면서도 전과 동일한 수준의 산출량(Y$_0$)을 만들어야 하므로 혹은 같은 등량선 상에 있어야 하므로 Y의 변화량은 0이 된다. 즉, $dY = 0$이라고 할 수 있다. 따라서 식(Eq. 6-10)는 다음과 같이 표현할 수 있다.

$$dY = 0 = F_L dL + F_K dK \rightarrow \frac{dK}{dL} = -\frac{F_L}{F_K} = -\frac{MP_L}{MP_K}$$

(Eq. 6-11)

식(Eq. 6-11)은 등량선의 기울기가 된다. 따라서 한계기술대체율(MRTS)은 등량선의 기울기와 같다는 것을 알 수 있다.

$$\frac{dK}{dL} = -\frac{F_L}{F_K} = -\frac{MP_L}{MP_K} \qquad \text{(Eq. 6-12)}$$

4. 생산함수와 규모의 경제

생산요소의 투입을 동시에 같은 비율로 증가시켰을 때[7] 예를 들면, λ("람다"라고 읽음)배 했다고 가정하자. 이를 다음과 같이 표현할 수 있다.

$$L \rightarrow \lambda L;\ K \rightarrow \lambda K$$

산출물 Y는 생산요소 투입 비율(λ배)보다 덜 증가하거나, 같은 비율로 증가하거나 혹은 더 큰 비율로 증가할 수 있다. 이를 하나씩 고려해보면 다음과 같다.

1) 수확불변의 생산함수 (Constant Returns to Scale)

$$Y = F(L, K) \text{일 때},\ F(\lambda L, \lambda K) = \lambda Y \qquad \text{(Eq. 6-13)}$$

---

7 앞서 언급한 바와 같이 모든 생산요소를 동시에 변화시킬 수 있는 시점은 장기(long-term 혹은 long-run)에 해당한다.

식(Eq. 6-13)는 투입되는 생산요소를 모두 동시에 λ배 했더니 생산량이 정확히 λ배, 즉 λY가 되었음을 보여준다. 이 경우를 규모의 수확불변(constant returns to scale; CRS) 생산함수 혹은 생산 기술이 수확불변이라고 한다.

2) 수확감소의 함수(Decreasing Returns to Scale)

$$Y = F(L, K) \text{일 때}, F(\lambda L, \lambda K) < \lambda Y \qquad \textbf{(Eq. 6-14)}$$

식(Eq. 6-14)는 투입되는 생산요소를 모두 동시에 λ배 했음에도 불구하고 만들어진 산출물은 원래 산출물 Y의 λ배, 즉 λY보다 적은 경우를 보여주고 있는데 이를 규모의 수확감소(decreasing returns to scale: DRS) 생산함수 혹은 수확감소의 생산함수(혹은 기술)라고 한다.

3) 수확증가의 함수(Increasing Returns to Scale)

$$Y = F(L, K) \text{일 때}, F(\lambda L, \lambda K) > \lambda Y \qquad \textbf{(Eq. 6-15)}$$

식(Eq. 6-15)는 투입되는 생산요소를 모두 동시에 λ배 했을 때 만들어진 산출물은 원래 산출물 Y의 λ배, 즉 λY보다 많은 것을 보여주고 있다. 이를 규모의 수확증가(increasing returns to scale: IRS) 생산함수라고 부르며, 이 경우를 흔히 '규모의 경제(economies of scale: IRS 혹은 scale economy)'가 있다고 말한다.

[예 2]

생산함수가 식(Eq. 6-16)과 같이 주어져 있다고 가정하자.

$$Y = F(L, K) \rightarrow 4 = F(L = 3, K = 2) \qquad \textbf{(Eq. 6-16)}$$

이제 생산요소 투입량을 모두 2배씩 (즉, $\lambda = 2$)한다고 했을 때, 산출량과의 관계는 다음과 같은 경우가 발생할 수 있다.

$$CRS: 2 \times 4 = F(2 \times 3, 2 \times 2)$$ (즉, 수확 불변의 생산함수)

$$IRS: 2 \times 4 < F(2 \times 3, 2 \times 2)$$ (즉, 수확 증가의 생산함수)

$$DRS: 2 \times 4 > F(2 \times 3, 2 \times 2)$$ (즉, 수확 감소의 생산함수)

이를 조금 더 일반화하여 수학적으로 표현할 수 있는데, 모든 생산요소를 동시에 λ배하여 투입하였을 때 생산되는 산출물은 다음과 같이 수리적으로 나타낸다.

$$\lambda^k Y = F(\lambda L, \lambda K), \lambda > 0 \qquad \textbf{(Eq. 6-17)}$$

기술적인 용어로 식(Eq. 6-17)을 "k차 동차(homogeneous of degree k)"라고 한다.

규모의 수확불변인 경우, 즉 생산함수가 CRS일 때는 k=1인 경우이며 이를 '선형적으로 동질적이다(linearly homogeneous)'라고 한다.

즉, 수확불변의 CRS함수는 1차 동차 함수라고 한다.

규모의 수확증가인 경우, 즉 생산함수가 IRS일 때는 k〉1인 경우에 해당한다.

규모의 수확감소인 경우, 즉 생산함수가 DRS일 때는 k〈1인 경우이다.

5. 수확불변의 동차함수, 평균생산성, 한계생산성 및 등량선

1) 동차함수와 평균생산성

생산함수가 선형적으로 동질적인 경우, 즉 수확불변의 CRS함수인 경우에 노동의 평균생산성(average product of labour: AP_L) 혹은 자본의 평균생산성(average of product of capital: AP_K)은 일인당 자본 양 혹은 자본-노동 비율($\frac{K}{L}$)의 함수로 표시할 수 있다.

$Y = F(L, K) \rightarrow \lambda Y = F(\lambda L, \lambda K)$이기 때문에 $\lambda = \frac{1}{L}$이라고 하면

$\lambda Y = F(\lambda L, \lambda K) \rightarrow \frac{Y}{L} = F\left(\frac{1}{L}L, \frac{1}{L}K\right)$ 가 되는데

$\frac{Y}{L}$은 AP_L, 즉 노동의 평균생산성(AP_L)을 나타낸다.

$$\frac{Y}{L} = AP_L = F\left(1, \frac{K}{L}\right) = G\left(\frac{K}{L}\right) \qquad \textbf{(Eq. 6-18)}$$

자본의 평균생산성(AP_K) 역시 자본-노동 비율($\frac{K}{L}$)의 함수로 표현할 수 있다.

$$\frac{Y}{K} = AP_K = F\left(\frac{1}{K}L, \frac{1}{K}K\right) = F\left(\frac{L}{K}, 1\right) = H\left(\frac{K}{L}\right) \qquad \textbf{(Eq. 6-19)}$$

2) 동차함수와 한계생산성

생산함수가 선형적으로 동질적인 경우, 즉 수확불변의 CRS함수인 경우에 노동의 한계생산성(marginal product of labour: MP_L) 혹은 자본의 한계생산성(average of product of capital: MP_K)는 일인당 자본 양 혹은 자본-노동 비율($\frac{K}{L}$)의 함수로 표시할 수 있다.

식(Eq. 6-18)로부터:

$$\frac{Y}{L} = G\left(\frac{K}{L}\right) \rightarrow Y = LG\left(\frac{K}{L}\right) \qquad \textbf{(Eq. 6-20)}$$

노동의 한계생산성(MP_L)은 식(Eq. 6-20)을 노동(L)에 대해 편미분함으로써 다음과 같이 도출할 수 있다.

$$MP_L = \frac{\partial Y}{\partial L} = \frac{\partial\left[LG\left(\frac{K}{L}\right)\right]}{\partial L} = \frac{\partial L}{\partial L}G\left(\frac{K}{L}\right) + L\frac{\partial G\left(\frac{K}{L}\right)}{\partial L}$$
$$= G\left(\frac{K}{L}\right) + L\frac{\partial\left(\frac{K}{L}\right)}{\partial L}G'\left(\frac{K}{L}\right)$$
$$= G\left(\frac{K}{L}\right) - L\left(\frac{K}{L^2}\right)G'\left(\frac{K}{L}\right)$$
$$= G\left(\frac{K}{L}\right) - \left(\frac{K}{L}\right)G'\left(\frac{K}{L}\right) = \Psi\left(\frac{K}{L}\right) \qquad \textbf{(Eq. 6–21)}$$

자본의 한계생산성(MP_K)은 식(Eq. 6-20)를 자본(K)에 대해 편미분함으로써 다음과 같이 도출할 수 있다.

$$MP_K = \frac{\partial Y}{\partial K} = \frac{\partial\left[LG\left(\frac{K}{L}\right)\right]}{\partial K} = L\frac{\partial\left(\frac{K}{L}\right)}{\partial K}G'\left(\frac{K}{L}\right)$$
$$= G'\left(\frac{K}{L}\right) = \Omega\left(\frac{K}{L}\right) \qquad \textbf{(Eq. 6–22)}$$

노동의 한계생산성에 노동투입 양과 자본의 한계생산성과 자본투입 양을 더해 산출물의 양 Y와 다음과 같은 관계를 도출할 수 있다.

$$MP_L \times L + MP_K \times K = Y \qquad \textbf{(Eq. 6–23)}$$

먼저, 식(Eq. 6-21)로부터:

$$MP_L \times L = L\left\{G\left(\frac{K}{L}\right) - \left(\frac{K}{L}\right)G'\left(\frac{K}{L}\right)\right\}$$
$$= LG\left(\frac{K}{L}\right) - KG'\left(\frac{K}{L}\right)$$
$$= Y - KG'\left(\frac{K}{L}\right) \qquad \text{(Eq. 6-24)}$$

식(Eq. 6−22)로부터:

$$MP_K \times K = G'\left(\frac{K}{L}\right) \times K = KG'\left(\frac{K}{L}\right) \qquad \text{(Eq. 6-25)}$$

식(Eq. 6−24)와 식(Eq. 6−25)로부터:

$$MP_L \times L + MP_K \times K = \left\{Y - KG'\left(\frac{K}{L}\right)\right\} + \left\{KG'\left(\frac{K}{L}\right)\right\} = Y \qquad \text{(Eq.6-23)}$$

식(Eq. 6−23)을 다른 한편으로는 오일러의 정리(Euler's Theorem)이라고 한다.

3) 동차함수와 등량선의 기울기

생산함수가 동차함수(homogeneous function)라는 것은 원점에서 뻗어 나오는 직선을 그렸을 때 각 등량선을 통과하는 점에서의 기울기, 즉 그 점에서 등량선 접선의 기울기는 생산 규모(Y_0, Y_1, Y_2)에 상관없이 동일하다는 의미를 나타낸다.

이를 그림으로 나타내면 다음과 같은 표시할 수 있다.

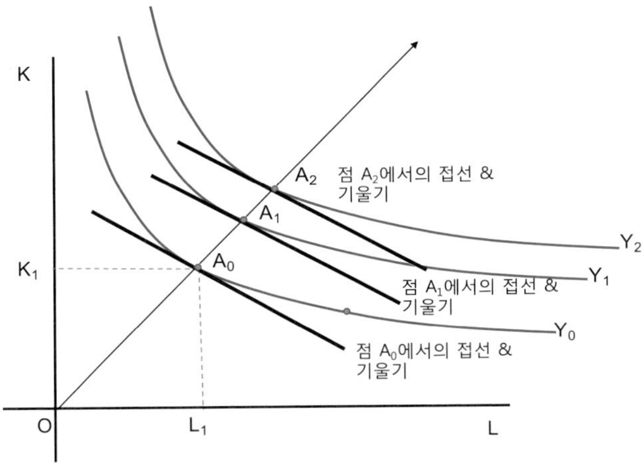

〈그림 6-9〉 등량선과 동차성

세 개의 등량선 Y_0, Y_1, Y_2에 대해서 원점으로 뻗어 나오는 직선을 그렸을 때, 각각의 등량선과 교차하는 점을 A_0, A_1, A_2라고 하면 이 세 개 점에서의 접선의 기울기는 모두 같다는 의미이다.

6. 생산자와 생산자 균형

생산요소 노동(L)과 자본(K)의 가격이 주어졌을 때 개별 생산자는 어디에서 생산, 즉 어느 정도의 산출물을 생산할 것인가를 결정하여야 한다. 이 결정에는 다음과 같은 조건들이 주어져 있다.

먼저, 생산요소 시장에서 생산요소인 노동(L)과 자본(K)은 한 국가 내에서 산업간 이동이 자유롭고 완전고용상태를 이룬다고 가정하였기 때문에 이들 생산요소의 가격은 다음과 같이 주어진다.

- 생산요소 노동(L)의 가격: w (임금)
- 생산요소 자본(K)의 가격: r (이자율)[8]

생산요소인 노동과 자본의 가격이 주어진다는 의미는 개별 생산자는 생산요소 시장에 영향을 미치지 못하고 생산요소 시장에서 결정된 가격으로 노동을 고용하고, 자본을 사용하는 요소가격 수용자(factor price taker)라고 할 수 있다.

따라서 개별 생산자는 다음과 같은 생산 결정의 문제에 직면하게 된다.

- 주어진 생산량을 가지고 생산비용을 최소화하든가 혹은
- 주어진 생산비용에서 생산량을 최대화 할 것인가 하는 문제이다.

이를 흔히 "최소-최대의 문제(Mini-Max Problem)"라고 한다.[9]

주어진 생산요소 가격에서 생산을 결정하는 생산자는 노동의 사용량(L)과 자본 사용량(K)에 따른 비용을 지불하게 되는데 이를 총생산비용(total

---

8 자본의 가격은 자본임대가격(rental price of capital)이라고 하고 흔히 이자율로 대표되는 가격이다.

9 최소-최대(Mini-Max) 문제는 본질적으로 생산자는 이윤 최대화(profit maximization)를 추구한다는 의미이다.

costs of production: C 혹은 총비용이라고도 함)이라고 할 수 있다.

생산자가 부담할 총생산비용을 C_0라고 가정해 보자.

이 경우, 주어진 생산요소 L과 K의 가격(w, r)을 사용하여 고용할 수 있는 노동의 양(L)과 자본의 양(K)은 아래의 (Eq. 6-26)과 같은 방정식으로 표현할 수 있다.

$$C_0 = wL + rK \qquad \textbf{(Eq. 6-26)}$$

여기서 w는 임금으로 노동의 가격, r은 자본가격으로 이자율을 나타내며 L은 노동 투입 양; K는 자본 투입 양을 나타냄

노동(L)을 수평축에, 자본(K)을 수직축에 두는 그래프를 그리면 이 총생산비용 함수의 기울기는 $(-\frac{w}{r})$가 된다.

[예 3]

만약, 노동 사용량 L을 X축 (혹은 수평축), 자본 사용량 K를 Y축으로 한 이 총생산비용 함수(Eq. 6-26)를 그림으로 나타낼 때, X절편과 Y절편을 각각 구하여라.

X축 절편은 K가 0의 값을 취할 때이므로 $L = \frac{C_0}{w}$

Y축 절편은 L이 0의 값을 취할 때이므로 $K = \frac{C_0}{r}$ 이다.

식(Eq. 6–26)에 주어진 총생산비용 함수를 흔히 등비용곡선(isocost line)이라고 부른다. 등비용곡선은 주어진 생산요소의 가격과 총생산비용 C_0에서 사용 가능한 모든 노동 L과 자본 K의 결합을 나타낸다. 즉, 이 등비용곡선 위의 모든 노동과 자본의 결합은 동일한 생산비용을 나타낸다.

이 등비용곡선을 노동(L)을 수평축에, 자본(K)을 수직축에 놓고 그림을 그리면 아래와 같다.

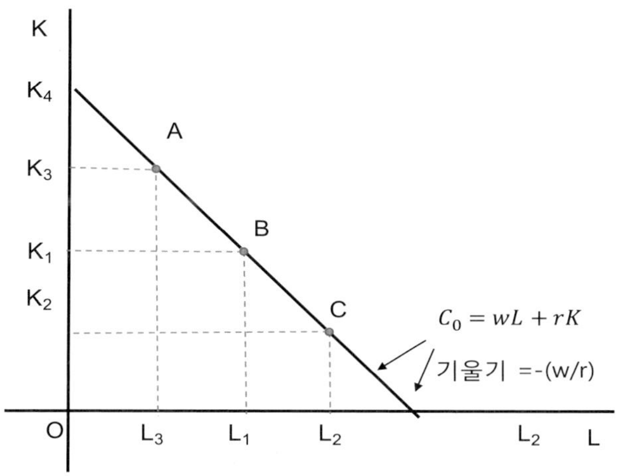

〈그림 6–10〉 등비용곡선(Isocost Curve)

위의 〈그림 6–10〉에 주어진 등비용곡선 위의 점 A, B, C는 모두 동일한 생산비용 C_0를 나타낸다.

등비용곡선은 원점에서 멀어질수록 더 많은 (혹은 더 높은) 생산비용을 나타내는데 이를 그림으로 나타내면 〈그림 6–11〉과 같다.

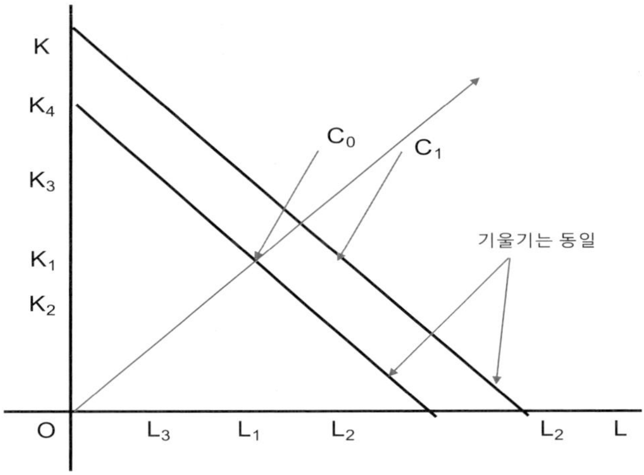

〈그림 6-11〉 등비용곡선 지도

〈그림 6-11〉에서 보는 바와 같이 등비용곡선은 C_0 보다 C_1이 원점에서 더 멀리 위치하고 있음으로 C_1 위의 생산비용이 C_0에서의 생산비용보다 많다고 할 수 있다.

즉, $C_0 < C_1$이다.

1) 생산자 균형

이제 개별 생산자의 생산 결정을 고려해 보자.

앞서 언급한 바와 같이 생산자는 주어진 총생산비용(C_0)에서 생산을 최대화하고자 한다고 가정하자.[10]

---

10 여기서 생산을 최대화한다는 의미는 주어진 비용을 가지고 생산을 최대화하기 때문에 이윤최대화(profit maximization)를 추구한다는 말과 동등한 의미이다.

따라서 생산자 균형을 찾아내기 위해서는 등비용곡선과 등량선이 필요하다.

등비용곡선과 등량선 모두 노동(L)을 수평축에, 자본(K)을 수직축에 가진 형태의 〈그림 6-12〉으로 나타낼 수 있다.

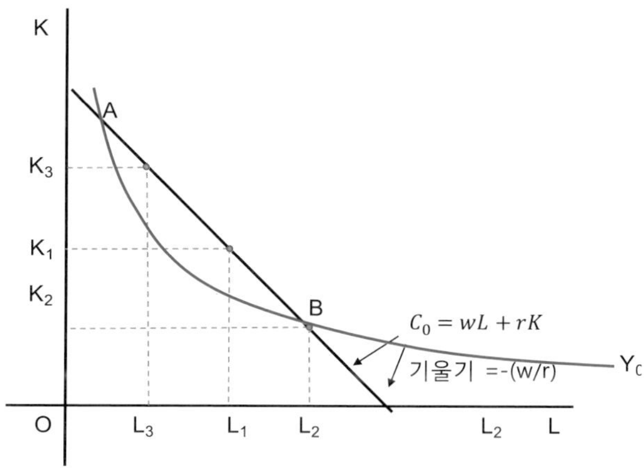

〈그림 6-12〉 등비용곡선과 등량선

〈그림 6-12〉에서 생산자는 주어진 총생산비용 C_0 를 나타내는 등비용곡선과 등량선 Y_0가 만나는 점 A 혹은 점 B에서 생산하지는 않을 것이다. 왜냐하면 생산자는 노동과 자본의 결합을 변화함으로써 동일한 생산량(Y_0)를 생산하면서도 비용을 줄일 수 있거나 혹은 주어진 생산비용(C_0)에서 더 많은 생산량을 만들어 낼 수 있기 때문이다.

예를 들면, 점 A에서 생산자는 Y_0만큼을 생산하고 있지만 만약 자본의 사용량을 조금 줄이고, 대신 노동의 사용량을 조금 더 늘리면 산출물 Y의 생산량이 증가한다는 것을 파악할 수 있다. 즉, 동일한 생산비용(C_0)을 부담하면서도 Y_0 수준의 생산량보다 원점에서 더 멀리 혹은 더 높은 곳에 위치한 등량선에 도달할 수 있게 된다. 즉, 더 많은 양의 산출물을 만들어 낼 수 있다.

점 B에서도 비슷한 논리를 적용할 수 있다. 노동투입 양을 조금 줄이고, 자본투입 양을 반대로 늘리면 동일한 생산비용(C_0)을 부담하면서도 생산량 Y_0보다 원점에서 더 멀리 혹은 더 높은 곳에 위치한 등량선에 도달할 수 있게 된다.

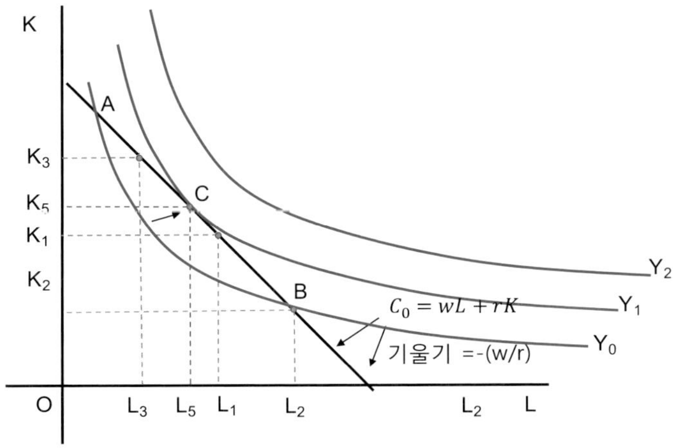

〈그림 6-13〉 등비용곡선, 등량선과 생산자 균형

이와 같이 생산에 투입되는 노동과 자본의 사용량 결합을 변화시키는 과정을 반복하다 보면 생산자는 점 C에서는 등비용곡선과 등량선 Y_1이 서로 접하는 것을 발견할 수 있다.

즉, 점 C에서 등비용곡선의 기울기와 등량선의 기울기, 즉 한계기술대체율(MRTS)이 일치한다.

점 C에서, 다음과 같은 균형 조건이 충족된다.

$$등비용곡선의\ 기울기 \equiv -\left(\frac{w}{r}\right)$$
$$= MRTS \equiv 등량선의\ 기울기 = -\left(\frac{MP_L}{MP_K}\right)$$

(Eq. 6–27)[11]

즉, $\left(\frac{w}{r}\right) = \left(\frac{MP_L}{MP_K}\right)$가 된다.

〈그림 6–13〉에서 보는 바와 같이 분명히 등량선 Y_2는 등량선 Y_1 보다 더 많은 생산량을 나타내지만 생산자에게 주어진 생산비용 C_0을 가지고는 생산할 수 없다. 현재 주어진 기술을 가지고 생산자가 등량선 Y_2에 해당하는 산출물을 생산하기 위해서는 주어진 생산비용 보다 더 많은 생산비용을 지불해야만 한다는 의미이다.[12]

따라서 생산자가 주어진 생산비용 C_0을 가지고 생산할 수 있는 Y의 최대 생산량은 Y_1가 되며 점 C에서 Y_1의 총생산비용은 정확히 C_0가 된다.

점 C에서 충족되는 생산조건을 다시 정리해 보면 점 C에서

등비용곡선의 기울기 = 등량선의 기울기 = 한계기술대체율의 관계

---

11 등량선의 기울기, 즉 한계기술대체율은 식(Eq. 6–12)참조.

12 주어진 생산비용 C_0를 가지고 생산량 수준 Y_2를 생산할 수 있는 경우는 생산 기술의 발전이 있는 경우이다. 즉, 연구개발(R&D)이 중요해지는 상황인데, 이 경우에는 생산물 단위당 평균생산비용이 절감하는 경우에 해당한다.

가 이루어지는 것을 알 수 있다.

$$MRTS \equiv \frac{dK}{dL} = -\frac{F_L}{F_K} = -\frac{MP_L}{MP_K} = -\left(\frac{w}{r}\right) \qquad \text{(Eq. 6-28)}$$

7. 생산 균형과 요소집적도(factor intensity)

〈그림 6-13〉에서는 생산 점 C에서 Y_1 수준에 해당하는 산출물 Y를 생산하고 있는데 이 점에서 한 사람의 노동자(L)가 얼마나 많은 기계, 즉 자본량(K)을 가지고 있는 지 궁금하다.

즉, 노동과 자본이 결합되는 비율(K/L)이 궁금해지는데 이를 일인당 자본사용량(unit labour capital usage)이라고 칭하고 다음과 같이 구한다.

〈그림 6-13〉의 점 C에서 Y_1에 해당하는 산출물을 만들어 내기 위해 생산자가 사용하는 노동량은 $L = L_5$이며, 투입된 자본량은 $K = K_5$이다. 따라서 일인당 자본량 ($\frac{K}{L}$)은 ($\frac{K_5}{L_5}$)가 되는데 이를 주로 소문자 k로 표시한다.

생산 점 C에서 투입된 노동과 자본의 결합 비율인 $k = \frac{K_5}{L_5}$를 요소집적도(factor intensity)라고 한다.

Chapter

VII

국제무역이론의 일반균형 분석을 위한 틀

국제경제와 무역론 이해를 위한
기초 개념과 기본 분석 도구

Chapter

VII

국제무역이론의 일반균형 분석을 위한 틀

앞서 언급한 바와 같이 국제무역이론은 자국(home country)과 외국(foreign country 혹은 rest of world)의 두 개 국가가 X재(빵)와 Y재(옷)로 대표되는 두 재화를 상호 거래하는, 즉 무역하는 관계를 다룬다고 이해하는 것이 국제무역론을 이해하기 위한 쉬운 출발점이 된다.

이를 위해 우선 필요한 다음과 같은 몇 가지 가정을 한다.

- 2개의 재화 X, Y를 생산하고 소비한다.
- 각 재화는 2개의 생산요소 노동(L)과 자본(K)을 사용하여 생산하며 이들 생산요소는 국가 내에서 산업 간 이동은 자유로운 반면 국가 간 이동은 없다.

■ 일반적으로 이 재화를 생산하는데 사용되는 생산 기술은 수확불변의 함수(constant returns to scale: CRS)인 경우를 가정한다.[1] 즉, 생산함수는 1차 동차함수이다 (homogeneous of degree 1이라고 하고 흔히 1°로 표기한다.) 각 재화를 생산하는 기술은 생산함수에 의해 결정된다.

1. 생산함수와 생산요소시장

1) 생산함수(production function)

노동(L)과 자본(K)을 사용하여 재화 X를 생산하는 함수가 음함수의 형대로 식(Eq. 7-1)괴 같이 주어져 있다.

$$X = G(L_X, K_X) \qquad \text{(Eq. 7-1)}$$

여기서 L_X와 K_X는 X재화 사용에 투입된 노동과 자본의 양을 각각 표시한다.

재화Y도 노동(L)과 자본(K)를 사용하여 생산하는데 다음과 같이 생산 함수가 주어져 있다.

1 이 가정은 시장이 완전경쟁 상태에 있다는 것과 일맥상통하는데 생산함수가 수확 증가의 함수(increasing returns to scale)인 경우에는 시장의 형태가 완전경쟁 상태에서 독점으로 변화한다.

$$Y = F(L_Y, K_Y) \qquad \textbf{(Eq. 7-2)}$$

여기서 L_Y와 K_Y는 Y재화 사용에 투입된 노동과 자본의 양을 표시한다.

식(Eq. 7-1)과 식(Eq. 7-2〉로 주어진 생산함수는 1차 동차함수, 즉 수확불변의 생산함수(CRS)라고 가정한다.

나아가 각 재화의 생산을 위해서 생산요소인 노동(L)과 자본(K)은 꼭 필요하다고 가정한다.

2) 생산요소(factors of production)의 부존량과 사용량

한 국가 내에서 사용할 수 있는 총노동 양과 총자본 양은 증가하거나 혹은 감소하지 않고 불변이다.

이를 각각 $\overline{L}$와 $\overline{K}$로 표시하는데 이를 노동부존량과 자본부존량이라고 하고 각각을 “L-bar”, “K-bar”라고 읽는다.

앞서 언급한 바와 같이 생산요소 시장은 완전고용(full employment) 상태이다. 즉, 국가 내에 있는 모든 노동(L)과 자본(K)의 공급량은 X생산과 Y재 생산에 모두 사용된다는 의미이다.

이를 수식으로 나타내면 다음과 같다.

노동은 완전고용 상태이다.

$$\overline{L} = L_X + L_Y \qquad \textbf{(Eq. 7-3)}$$

여기서 $\overline{L}$은 시장에 공급된 노동의 총 양, 즉 노동부존량을 표시하고, L_X와 L_Y는 각각 X재 생산에 투입된 노동의 양, Y재 생산에 투입된 노동의 양을 나타낸다.[2]

위 식(Eq. 7-3)은 노동시장에서 노동의 공급량이 사용량과 일치하는 노동시장에서의 완전고용 상태를 나타낸다.

자본은 완전고용 상태이다.

$$\overline{K} = K_X + K_Y \qquad \text{(Eq. 7-4)}$$

$\overline{K}$은 시장에 공급된 자본의 총 양, 즉 자본부존량을 표시하고, K_X와 K_Y는 각각 X재 생산에 투입된 자본의 양, Y재 생산에 투입된 자본의 양을 나타낸다.[3]

위 식(Eq. 7-4)은 자본시장에서 자본의 공급량이 사용량과 일치하는 자본시장의 완전고용 상태를 나타낸다.[4]

3) 등량선과 생산균형 및 요소집적도

노동과 자본을 사용하여 X재와 Y재를 생산하기 때문에 X재에 대한 등량선과 Y재에 대한 등량선을 고려할 수 있다. 이 경우 노동시장에서는 노동 가격인 임금(w)이 결정되고 자본시장에서는 자본 가격(r)이 결

2 시장에 공급된 노동의 총 양을 노동부존량(labor endowment)이라고 한다.

3 시장에 공급된 자본의 총 양을 자본부존량(capital endowment)이라고 한다.

4 이와 같은 가정에 더하여 노동과 자본은 완전분할(completely divisible)이 가능하며 동질적이라는 가정도 암묵적으로 포함하고 있다.

정되며, 각 재화의 생산자는 생산요소 시장에서 결정된 요소 가격을 바탕으로 생산 결정을 한다는 사실을 인지할 필요가 있다.

따라서 노동과 자본이 X재 생산에 사용되든 혹은 Y재 생산에 사용되든지의 여부에 상관없이 각각의 가격은 고용된 산업의 구분 없이 동일하다.

$$w_x = w_y = w \qquad \text{(Eq. 7-5a)}$$

$$r_x = r_y = r \qquad \text{(Eq. 7-5b)}$$

식(Eq. 7-5a)는 어떤 특정한 산업에서의 임금이 다른 산업에서의 임금보다 높으면 노동은 높은 임금을 주는 산업 쪽으로 이동하게 될 것임을 간접적으로 의미한다. 동일한 맥락에서 식(Eq. 7-5b)는 자본가격이 높은 산업 쪽으로 자본의 이동이 발생할 것이라는 것을 암시하고 있다.

앞서 살펴본 바와 같이 등량선은 노동(L)을 수평축에, 자본(K)을 수직축으로 하여 원점에 대하여 볼록한(convex) 형태로 표시한다. 특히 한계기술대체율(MRTS)이 변화하는 형태로 아래의 〈그림 7-1a〉와 〈그림 7-1b〉와 같이 나타낸다.

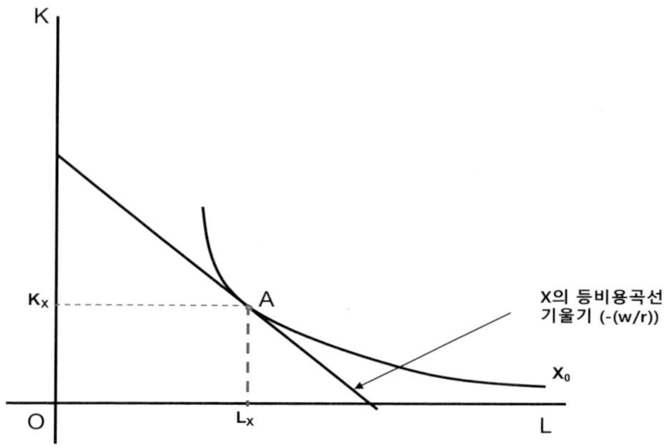

〈그림 7-1a〉 X재의 등량선

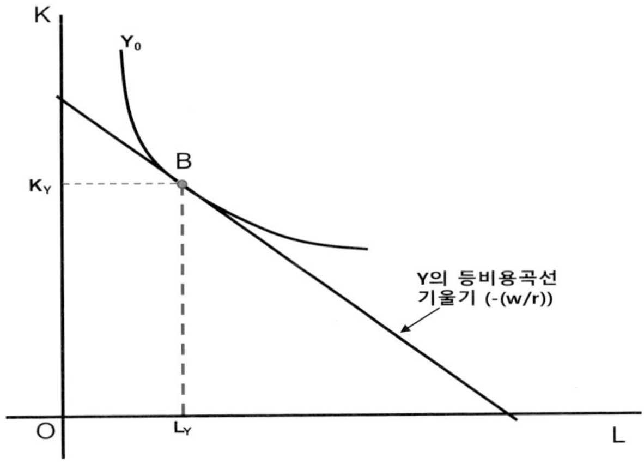

〈그림 7-1b〉 Y재의 등량선

〈그림 7-1a〉에서 보여주는 바와 같이 주어진 노동과 자본의 상대가격이 등비용곡선의 기울기 (w/r)로 주어진 상태에서 점 A에서 X_0만큼 생산한다. 이때 X재 등량선의 기울기 즉, X재 생산에 투입되는 노동과 자본의 한계기술대체율($MRTS^X_{L,K}$)은 등비용곡선의 기울기인 생산요소 상대가격(w/r)과 일치한다.

점 A에서 생산할 때 X 재를 X_0만큼 생산하기 위해 투입되는 노동과 자본의 양은 각각 L_X, K_X이다. 이 때 X재 생산의 요소집적도(factor intensity)는 아래와 같이 표시한다.

$$k_Y = \left(\frac{K_X}{L_X}\right) \qquad \textbf{(Eq. 7-6a)}$$

식(Eq. 7-6a)은 X재 생산의 요소집적도를 나타내며 이는 X재 생산에서의 일인당 자본 사용량을 나타낸다.

〈그림 7-1b〉는 주어진 노동과 자본의 상대가격이 등비용곡선의 기울기 (w/r)로 주어진 상태에서 점 B에서 Y재를 Y_0만큼 생산하는 것을 보여주고 있다. 점 B에서 Y재 등량선의 기울기, 즉 Y재 생산에 투입되는 노동과 자본의 한계기술대체율($MRTS^{Y}_{L,K}$)은 등비용곡선의 기울기인 요소 상대가격(w/r)과 일치한다.

점 B에서 Y재를 Y_0만큼 생산하기 위해 투입되는 노동과 자본의 사용량은 각각 L_Y, K_Y이며 이 때 Y재 생산의 요소집적도(factor intensity)는 아래와 같이 나타낸다.

$$k_Y = \left(\frac{K_Y}{L_Y}\right) \qquad \textbf{(Eq. 7-6b)}$$

식(Eq. 7-6b)는 Y재 생산의 요소집적도를 나타내며 이는 Y재 생산에서의 일인당 자본 사용량을 나타낸다.

식(Eq. 7-6a)와 식(Eq. 7-6b)를 통해 X재의 요소집적도와 Y재의 요소집적도를 상호 비교할 수 있는데 다음과 같은 관찰이 가능하다.

- 만약 $k_Y > k_X$라면 이는 Y재 생산에 필요한 노동자 일인당 자본 사용량이 X재 생산에 필요한 노동자 일인당 자본 사용량보다 더 많다는 의미이다. 따라서 생산 기술적인 측면에서 Y재는 자본집약적(capital intensive)이라고 하고 X재는 노동집약적(labor intensive)이라고 한다.

- 만약 $k_Y < k_X$이라면 생산 기술적인 측면에서 Y재는 노동집약적이라 하고 X재는 자본집약적이라 할 수 있다.

〈그림 7-1a〉와 〈그림 7-1b〉을 하나로 표시하면 다음과 같이 〈그림 7-2〉와 같이 나타낼 수 있다.

〈그림 7-2〉는 생산자가 X재를 X_0만큼 생산하기 위해 특정한 생산비용, 예를 들면 C_{X0}를 부담하고, Y재를 Y_0만큼 생산하기 위해 특정한 생산비 용 C_{Y0}를 부담하고 있음을 보여주고 있다. 생산비용이 C_{X0}이든 혹은 C_{Y0}이든 두 등비용곡선의 기울기는 동일한 $-\left(\frac{w}{r}\right)$이다.

〈그림 7-2〉에서 보는 바와 같이 점 A에서 X재를 X_0만큼 생산하는데 투입된 노동과 자본량 비율, 즉 X재 요소집적도는 아래와 같다.

$$k_X = \left(\frac{K_X}{L_X}\right) \qquad \text{(Eq. 7-7a)}$$

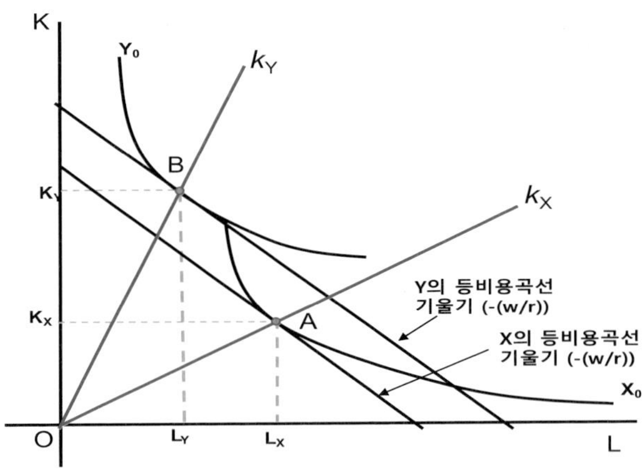

〈그림 7-2〉 생산함수, 등량선과 요소집적도

점 B에서 Y재를 Y_0만큼 생산하는데 투입된 노동과 자본량의 비율,

즉 Y재 생산의 요소집적도는 다음과 같이 주어진다.

$$k_Y = \left(\frac{K_Y}{L_Y} \right) \qquad \text{(Eq. 7-7b)}$$

〈그림 7-2〉에서 보는 바와 같이 $k_Y > k_X$이므로 Y재는 자본집약적 생산 기술에 의해 생산되며 X재는 노동집약적인 생산 기술에 의해 생산된다고 할 수 있다.

〈그림 7-2〉에서는 각 재화의 생산비용이 다른 것으로 제시되어 있는데 다음과 같은 상황을 고려해 볼 수 있다. 각 재화의 총생산비용이 $1가 되도록, 즉 X재와 Y재의 생산비용이 각각 $1가 되도록 생산량을 변경하여도 요소집적도와 요소 상대가격은 변하지 않는다.[5]

이를 〈그림 7-3〉과 같이 나타낼 수 있다.

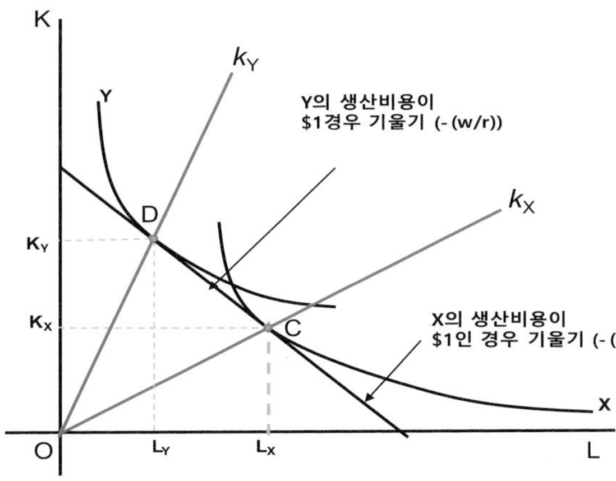

〈그림 7-3〉 각 재화 $1생산비용에 대한 등량선과 요소집적도

5 이 변환 과정이 성립하는 이유는 X재와 Y재의 등량선이 1차 동차함수이기 때문이다.

〈그림 7-3〉에서는 X재 생산과 Y재 생산의 생산비용은 $1, 즉 단위 생산비용(unit production costs)은 각각 $1로 동일하다. X재와 Y재의 등비용곡선이 각각 $1이 된 경우이다.

각 재화의 등량선은 1차 동차의 생산함수에 의해 생산되므로 점 C에서 X재의 요소집적도는 〈그림 7-2〉에서 X재의 생산 점인 점 A에서의 요소 집적도와 동일하게 된다.

마찬가지로 점 D에서 Y재의 요소집적도는 〈그림 7-2〉 상에서 Y재의 생산 점인 점 B에서의 요소집적도와 동일하다.

2. 생산가능곡선

앞서 살펴본 바와 같이 한 국가 내에서 생산자는 생산요소인 노동(L)과 자본(K)을 투입하여 재화 X와 재화 Y를 생산하고 있으며, 모든 생산요소는 완전고용 상태이다. 즉, 이들 생산요소는 X재 혹은 Y재 생산에 반드시 사용되고 있다는 의미이다.

이제 다음과 같은 상황을 고려해 볼 수 있다.

먼저, 한 국가에 주어진 모든 노동량($\overline{L}$)과 모든 자본량($\overline{K}$)을 투입하여 X재만 생산하는 경우를 생각해 볼 수 있다. 이는 한 국가가 주어진 생산 기술과 생산요소, 즉 요소부존 양을 모두 활용하여 생산해 낼 수 있는 X재의 최대 생산량 ($\overline{X}$)이 되며 이 경우 Y재 생산은 전혀 이루어지지 않는다. 이와 반대로 모든 생산요소를 Y재 생산에만 투입하는 경우에는 이 나라가 생산할 수 있는 Y재의 최대 생산량($\overline{Y}$)이 되며 X

재 생산은 이루어지지 않는다.

그러나 한 국가에 존재하는 소비자는 X재와 더불어 Y재의 소비도 원하고 있음[6]으로, 이는 X재와 Y재 생산이 동시에 이루어져야 한다는 의미이다. 생산요소인 노동과 자본을 모두 사용하여 생산할 수 있는 X재의 최대 생산량($\overline{X}$)에서 X재 생산량을 조금 줄이면 그로부터 X재 생산에 투입되었던 노동과 자본이 빠져나오게 된다. 이렇게 빠져나온 노동과 자본은 완전고용 상태를 유지하기 위해 Y재 생산에 투입됨으로써 Y재 생산이 늘어나게 된다.

X재 생산을 계속해서 줄이게 되면 더 많은 생산요소인 노동과 자본이 X재 생산에서부터 이탈되어 나오고, 이 생산요소들은 Y재 생산에 반드시 투입되어야 하므로 Y재의 생산량은 점점 더 늘어나게 된다.

반대의 경우도 생각해 볼 수 있는데 모든 생산요소가 투입된 Y재의 최대 생산량($\overline{Y}$)에서 X재 생산을 늘리려고 하면 Y재 생산을 줄여야만 한다. 그 이유는 완전 고용인 상태에서 Y재 생산을 줄이지 않고는 생산요소를 추가로 활용하는 것이 불가능하기 때문이다. 따라서 Y재 생산량을 감소시켜야만 생산요소인 노동과 자본이 Y재로부터 이탈되어 나오고, 이렇게 이탈된 생산요소를 X재 생산에 투입함으로써 X재 생산을 증가시킬 수 있는 것이다.

즉, 완전고용 상태에서 각 재화의 최대 생산량으로부터 다른 재화의 생산이 가능하게 되는 이 과정은 X재가 Y재로 혹은 그 반대로 Y재가 X재로 일종의 '변환(transform)'하는 과정에 해당한다고 말할 수 있다. 따라서 각 재화의 최대 생산 점에서 그 중간에서 이루어지는 생산

6 이것은 나중에 다시 언급하겠지만 소비자의 효용함수에는 반드시 모든 재화가 소비 바구니에 반드시 포함되어야 한다는 의미이다.

은 X재와 Y재가 각각 동시에 생산되고 있다는 점을 나타내며, 이런 각각의 생산 점을 연결하면 소위 생산가능곡선(production possibility curve: PPC 혹은 production possbility frontier: PPF라고도 함)을 구할 수 있다.

이 생산가능곡선 위의 점들은 현재 주어진 생산 기술을 최대한 효율적으로 사용하여 한 나라의 생산요소인 노동과 자본을 완전 고용 상태로 유지하며 산출해 낼 수 있는 가장 효율적인 생산 점이라고 할 수 있다. 즉, 생산가능곡선 상의 점들은 효율적인(efficient) 생산이 이루어진다고 할 수 있다.

그러나 앞서 살펴본 바와 같이 X재와 Y재의 생산 기술이 다를 수 있다. 물론, X재와 Y재 모두 수확불변의 함수에 의해 생산되지만, 즉, CRS 생산 기술에 의해 생산되고 있지만 각 재화의 생산이 이루어지는 점에서 사용된 노동과 자본의 비율, 즉 요소집적도가 시로 싱이하다면 우리는 두 재화 X재와 Y재가 서로 다른 생산 기술에 의해 생산된다고 한다.

앞서 본 바와 같이 X재와 Y재의 생산 기술이 다르다는 의미는 생산요소 상대가격이 $(\frac{w}{r})$로 주어진 상태에서 X재와 Y재의 요소집적도(factor intensity)가 다르다는 의미이므로 다음과 같이 나타낼 수 있다.

$$k_X \equiv \left(\frac{K_X}{L_X}\right) \neq \left(\frac{K_Y}{L_Y}\right) \equiv k_Y \qquad \textbf{(Eq. 7-8)}$$

여기서 K_X, K_Y, L_X와 L_Y는 각각 X재와 Y재 생산에 사용된 자본 양과 노동 양을 나타낸다.

완전 고용인 상태에서 X재가 Y재로 혹은 그 반대로 Y재가 X재로 변환하는 관계를 나타내는 곡선인 생산가능곡선은 X재화 Y재의 생산 기술이 서로 다른 관계로 인해〈그림 7-4〉와 같이 원점에서 오목한[7] 곡선의 형태로 나타낸다.

〈그림 7-4〉에는 생산가능곡선 $\overline{X}\overline{Y}$와 관련하여 5개의 점 $\overline{X}$, $\overline{Y}$, A, B와 C를 표시하였는데, 앞서 언급한 바와 같이 $\overline{X}$는 모든 노동과 모든 자본을 투입하여 X재만 생산할 경우 주어진 기술 하에서 생산해 낼 수 있는 (즉, 생산 가능한) X재의 최대 생산량을 나타낸다.[8]

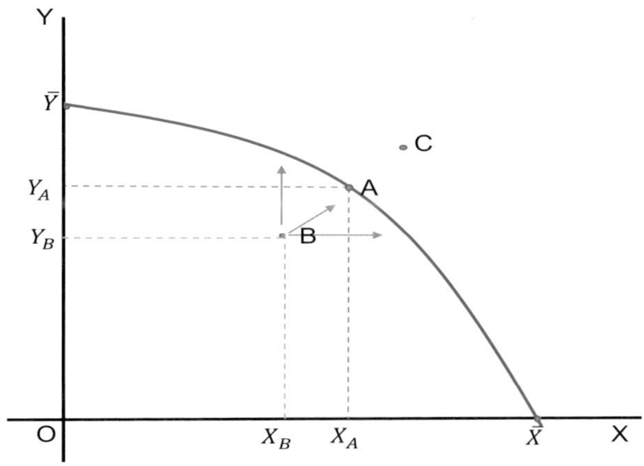

〈그림 7-4〉 생산가능곡선

7 곡선이 원점에 대해 오목(concave) to the origin)하다는 것은 이 곡선 위의 두 점을 연결한 선보다 곡선이 위쪽에 있다는 의미이다. 생산가능곡선이 원점에 대해 오목하다는 것은 두 재화의 생산 기술이 상이하다는 것을 내포하고 있으며 이는 앞서 언급한 바와 같이 임금(w)과 자본 가격(r)이 주어졌을 때, X재와 Y재의 생산 기술, 즉 요소집적도가 다르다는 것을 전제로 하고 있다는 것을 나타낸다.

8 생산가능곡선은 두 가지의 효율성을 내포하고 있는데, 첫째는 기술적인 효율성으로 주어진 생산요소에 대해서 각 재화의 산출물은 최대화된다는 의미의 효율성이다. 둘째는 시장의 효율성과 관련된 부분으로 각 재화의 생산 과정에서 생산요소들이 결합되는 측면이 효율적이라는 의미이다.

만약, X재의 생산량을 줄이면 즉, X재 최대 생산량 $\overline{X}$에서 수평축을 따라 원점으로 이동하면, X재 생산량은 줄어들게 된다. 줄어든 X생산량에서 노동과 자본이 빠져 나오게 되고, 이는 Y재 생산에 투입됨으로 Y재 생산이 증가하기 시작한다.

$\overline{Y}$는 국가 내에 주어진 (혹은 부존된) 모든 노동과 자본을 활용하여 생산할 수 있는 Y재의 최대 생산량을 나타내는데 Y재화의 생산을 줄이면 즉, ($\overline{Y}$)에서 수직축을 따라 원점으로 이동하면, 줄어든 Y생산에서 노동과 자본이 빠져 나오게 된다. 생산요소 시장에서의 완전고용 상태를 유지하기 위해 이렇게 빠져나온 노동과 자본은 X재 생산에 투입됨으로써 X재 생산이 증가하기 시작한다.

생산가능곡선 위의 점 A는 주어진 생산 기술을 가지고 국가 내에 부존된 노동과 자본을 투입하여 생산해 낼 수 있는 최대의 X재와 Y재의 양 (X_A, Y_A)을 나타낸다. 따라서 생산가능곡선 위의 생산 점인 점 A는 효율적인(efficient) 생산 점이라고 말할 수 있다.

〈그림 7-4〉에서 보면, 점 B는 생산가능곡선 보다 아래쪽에 원점에 가깝게 위치하고 있다. 따라서 점 B가 나타내는 것은 점 B에서 생산은 가능하지만 생산량이 점 A 혹은 생산가능곡선 위의 다른 점들보다 생산이 부족하다는 것을 나타낸다. 점 B에서 생산되는 X재와 Y재의 양을 달리한다면, 즉 노동과 자본을 X재와 Y재 산업간 재배치함으로서 더 많은 X재 혹은 더 많은 Y재의 생산이 가능하며 생산요소 시장에서는 여전히 완전고용 상태를 유지할 수 있다. 따라서 점 B는 그래서 비효율적인(inefficient) 생산 점이라고 말한다.

〈그림 7-4〉에서 보면, 점 C는 생산가능곡선 보다 위쪽, 원점에서 더 멀리 위치하고 있어 더 많은 생산을 나타낸다. 하지만 현재 이 국가에

부존된 노동 양($\overline{L}$)과 자본 양($\overline{K}$), 그리고 현재의 주어진 생산 기술로는 달성이 불가능 한 생산 점이다.[9]

문제 1

위 〈그림 7-4〉에서 이 국가는 어떻게 하면 생산 점 C에 도달할 수 있을 것인가?

1) 생산가능곡선과 한계변환률(marginal trade of transformation : MRT)

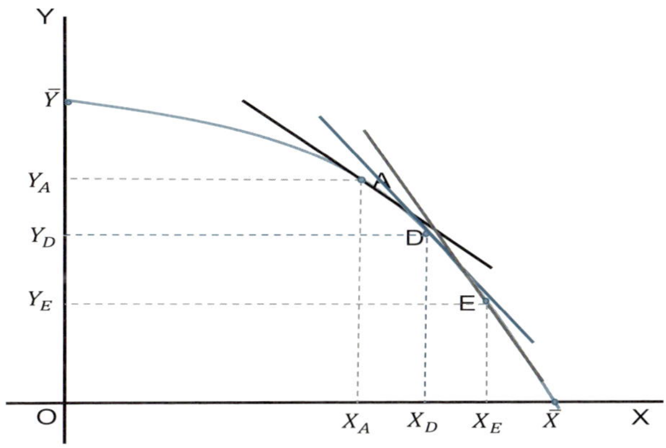

〈그림 7-5〉 생산가능곡선과 한계변환률

9 생산가능곡선이 원점에 대해 오목하게 되는 이유를 D Slavatore(2007)는 (1) 생산요소가 동질적이기 않기 때문에, 그리고 (2) 재화 생산에 따른 기회비용이 증가하기 때문이라고 설명하고 있다. 그러나 생산요소가 동질적이지 않다는 설명은 현실적인 측면에서는 타당하지만 이론적인 측면에서는 생산요소가 동질적이고 산업간 자유로운 이동을 가정하고 있기 때문에 설명의 타당성이 떨어진다고 할 수 있다. 따라서 재화 생산의 요소집적도가 다른 기술적인 요인에 의해 특정 재화 생산을 증가시키기 위해서는 다른 재화의 생산을 감소시켜야 한다. 감소되는 재화에서 빠져나오는 생산요소의 비율과 생산량을 늘리려고 하는 재화의 결합 비율이 서로 상이하기 때문에 한 재화의 생산 증가에 따른 기회비용이 증가한다. 이로 인해 생산가능곡선의 기울기인 한계변환률(marginal rate of tranformation)의 기울기는 변하게 되는 것이다. 재화 생산의 기회비용이 일정한 경우, 예를 들면, 리카도 모형에서 흔히 제시되는 바와 같이 생산요소가 노동으로 한정되고 재화 생산의 기회비용이 고정되어 있는 경우의 생산가능곡선은 직선으로 나타난다. 수학적으로 엄격한 의미에서는 이 경우에도 생산가능곡선은 원점에 대해 오목하다고 할 수 있다.

〈그림 7-5〉는 생산가능곡선을 보여주고 있는데, 이 생산가능곡선상의 효율적인 생산 점인 점 A에서 이 점에 접하는 접선의 기울기는 앞서 언급한 바와 같이 X재가 Y재로 혹은 Y재가 X재로 변하는 변환률을 나타낸다. 즉, 한계변환률(marginal rate of transformation: MRT)을 나타낸다.

생산가능곡선 접선의 기울기 = 한계변환률을 나타내며, 이 접선의 기울기는 $\frac{dY}{dX}$이다.[10]

2) 한계변환률, 한계비용 및 재화의 가격

앞서 언급한 한계변환률(marginal rate of transformation: MRT)은 X재가 Y재 혹은 그 반대의 변환 과정과 관련되어 있기 때문에 이 변화에 따라 각 재화 생산의 비용이 변하는 것을 동반한다. 따라서 한계변환률은 한계비용(marginal costs)의 변화로 나타낼 수 있다.

이를 관찰하기 위해 생산가능곡선 위의 점 A에서 생산하는 X재와 Y재의 생산량을 각각 X_A와 Y_A라고 할 때, 이 때 발생하는 총생산비용을 C_A라고 가정하자.

만약, Y재의 생산량을 고정한 상태에서 X재의 생산량을 변화시키면 이로 인해 총생산비용이 변화하는 것은 당연하다. X의 생산량을 dX만큼 변화시킨다면 이로 인해 발생하는 총생산비용의 변화는

10 생산가능곡선 접선의 기울기라는 의미는 생산가능곡선을 나타내는 함수를 미분한다는 의미와 동일하다.

{(X재 생산의 한계비용)× X재 생산 변화량}이 될 것이다. 즉,

$$(MC_X)dX \qquad \textbf{(Eq. 7-9a)}$$

여기서 MC_X는 X재 생산의 한계비용(marginal cost)을 나타낸다.

동일한 논리로 Y재의 생산량을 dY만큼 변화시켰을 때 발생하는 총생산비용의 변화는 {(Y재 생산의 한계비용)×Y재 생산 변화량}이 될 것이다. 즉,

$$(MC_Y)dY \qquad \textbf{(Eq. 7-9b)}$$

여기서 MC_Y는 Y재 생산의 한계비용(marginal cost)을 나타낸다.

이제 X재의 생산량을 변화시켜서 발생하는 총생산비용의 변화와 Y재 생산량을 동시에 변화시켜서 발생하는 총생산비용의 변화를 합하면 X재와 Y재 생산의 변화에 따른 총생산비용의 변화 즉, dC가 될 것이다.

$$(MC_X dX) + (MC_Y dY) = dC \qquad \textbf{(Eq. 7-10)}$$

그러나 총생산비용 C는 X재의 생산량과 Y재 생산량이 변화하더라도 같은 수준에서 유지되어야 하므로, $dC = 0$이어야 한다. 이는 X재 생산량과 Y재 생산량의 결합 비율은 변하더라도 동일한 생산비용, 즉 같은 등비용곡선 위에 머물러야 한다는 조건을 충족하여야 한다는 의미이다. 즉, 식(Eq. 7-10)을 다음과 같이 표현할 수 있다.

$$(MC_X dX) + (MC_Y dY) = 0 \qquad \textbf{(Eq. 7-11)}$$

위의 식(Eq. 7−11)을 정리하면 점 A에서 접선의 기울기는 다음과 같이 구해질 것이다.

$$(MC_Y dY) = -(MC_X dX) \rightarrow \frac{dY}{dX} = -\frac{MC_X}{MC_Y} \qquad \textbf{(Eq. 7-12a)}$$

즉, 생산가능곡선 상의 점 A에서 접선의 기울기 ($\frac{dY}{dX}$)는 X재와 Y재 생산의 한계비용(marginal cost of production: MC)의 비율로 구해진다.

앞서 언급한 바와 같이 생산가능곡선의 기울기는 한계변환률(MRT)이라고 하였으므로 생산가능곡선 위의 점 A에서의 기울기를 나타내는 식(Eq. 7−12a)는 다음과 같이 표현할 수 있다.

$$\frac{dY}{dX} = -\frac{MC_X}{MC_Y} = MRTS \qquad \textbf{(Eq. 7-12b)}$$

이제 시장의 구조와 재화의 가격 및 한계비용의 관계에 대해서 알아보고자 한다. 재화 시장이 완전경쟁시장(perfectly competitive market)[11]인 경우에는 생산자 어느 누구도 재화의 시장가격에 영향을

---

11 완전경쟁시장의 주요 특징은 경제학에서 다음과 같이 제시하고 있다. (1) 시장에 다수의 구매자(소비자)와 공급자(생산자)가 존재한다; (2) 시장에서 소비자와 생산자는 모두 가격수용자(price taker)이다; (3) 시장에 공급되는 재화는 동질적(homogeneous)이다; (4) 시장으로의 진출과 퇴출에 장벽이 없다; (5) 생산과 소비에 외부효과(externality)가 없다; (6) 생산함수는 규모의 경제(economies of scale)를 보이거나 네트워크효과

줄 수 없으며 단지 가격수용자(price taker)에 불과하다.

이 완전경쟁시장의 주요 특징은 기업의 시장 진입과 퇴출에 장벽이 없다는 것이다. 따라서 시장에서 특정 기업에게 초과 이윤이 발생하게 되면 이는 타 기업의 시장 진출을 촉진하여 시장에서 전반적인 공급이 증가하여 재화의 가격이 하락하게 되고, 이로 인해 기존 기업이 누리던 초과 이윤이 사라지게 된다. 그 반대로 기업이 시장에서 손실을 보게 되는 경우에는 기업의 한계생산비용이 시장가격 보다 높은 수준이기 때문에 언제든지 시장에서 나갈 수 있고, 이로 인해 시장 전체에서 재화의 공급이 감소하기 때문에 해당 재화의 가격은 상승하게 된다. 즉, 완전경쟁시장에서는 기업이 단순히 시장에서 형성되는 가격을 수용하고 이에 따라 재화의 추가 생산으로 발생하는 비용인 한계생산비용이 재화의 가격 혹은 재화의 시장가격 과 일치하게 된다.

- $MC_X = P_X$, 즉 X재의 한계(생산)비용 = X재의 가격
- $MC_Y = P_Y$, 즉 Y재의 한계(생산)비용 = Y재의 가격

여기서 P_X와 P_Y는 각각 X재와 Y재의 가격을 나타낸다.

따라서 생산가능곡선 위의 점에서 접선의 기울기를 나타내는 식(Eq. 7-12)는 다음과 같이 표현할 수 있다.

(network effect) 등이 없다; (7) 생산요소는 산업간 이동이 완전히 자유롭다; (8) 시장에는 정보가 완전하다. 즉, 정보의 비대칭성(asymmetry)이 존재하지 않는다. 이와 더불어 암묵적으로 시장에는 경쟁을 제한하는 조치 혹은 정책이 존재하지 않으며, 생산자와 소비자의 거래에는 거래 비용(transaction costs)이 발생하지 않는다와 같은 특징이 제시된다.

$$\frac{dY}{dX} = -\frac{MC_X}{MC_Y} = -\frac{P_X}{P_Y} \qquad \text{(Eq. 7-13)}$$

$\frac{P_X}{P_Y}$를 X재와 Y재의 상대가격(relative price)[12]이라고 하고 흔히 소문자 p을 사용하여 나타낸다. 간단히 말하면 생산가능곡선의 기울기는 X재와 Y재의 상대가격(p)[13]이라고 할 수 있다.

즉 다음과 같은 관계가 형성된다.

$$MRTS_{X,Y} \equiv \left(-\frac{MC_X}{MC_Y}\right) = \left(-\frac{P_X}{P_Y}\right) = p \qquad \text{(Eq. 7-14)}$$

〈그림 7-5〉에서 보는 것처럼 생산가능곡선 위의 생산 점 A에서 또 다른 생산가능곡선 위의 점 D와 E로 움직일 때 각 점에서 발생하는 접선의 기울기는 변한다. 즉, 생산가능곡선 위에서의 생산 점의 위치에 따라 한계변환률(marginal rate of transformation: MRT)이 변한다

---

12 재화의 상대가격이라고 하는 말은 한 재화가 다른 재화와 교환되는 비율을 의미하기 때문에 우리가 흔히 인식하고 있는 가격으로 표시될 필요는 없다. 하지만 한 국가 내에서 X재의 가격이 $10이고, Y재의 가격이 $20라면 Y재 하나는 X재 2개와 교환될 것이다. 이를 상대가격 $p = (P_X/P_Y)$으로 표시해 보면 $p = \frac{P_X}{P_Y} = \frac{\$10}{\$20} = 0.5$로 표시할 수 있다.

13 엄격한 의미에서 생산가능곡선의 기울기는 $\left(-\frac{P_X}{P_Y}\right)$이기 때문에 상대가격을 나타내는 p는 음수로 표시되어야 하지만 생산가능곡선의 기울기를 항상 절대값으로 간주하기 때문에 $\frac{dY}{dX} = MRTS = p = \frac{P_X}{P_Y}$ 로 보통 표기한다.

는 것을 알 수 있다.

그러나 각 생산 점에서 시장에 공급 가능한 X재와 Y재의 공급량이 변함으로 X재의 가격 P_X와 Y재의 가격 P_Y도 변하게 된다. 하지만 각 생산 점에서의 접선의 기울기, 즉 한계변환률(MRT)은 언제나 X재와 Y재의 상대가격(p)으로 표시한다는 사실은 변하지 않는다.

생산가능곡선 위에서 생산 점이 결정되면 그 점에서는 생산되는 X재와 Y재의 생산량과 각각에 해당하는 가격, 즉 X재의 가격 P_X와 Y재의 가격 P_Y가 정해지고, 이에 따라 상대가격 p가 결정된다.

3. 생산 점, 총소득(Total Income)과 예산선(Budget Line)

〈그림 7-6〉에서와 같이 생산가능곡선 위의 점 A에서는 X재와 Y재의 생산이 효율적으로 이루어진다고 할 수 있다. 점 A에서의 기울기($\frac{dY}{dX}$)는 한계변환률(MRT)이며 이는 X재와 Y재 가격의 비율, 즉 상대가격(p)과 동일하다.

점 A에서 생산되는 X재의 양은 X_A, Y재의 양은 Y_A인데 이를 각 재화의 가격으로 곱한 후 합하면 이 생산자가 생산한 X재와 Y재의 총가치(total value), 즉 총소득(I: total income)이 된다.

$$P_X X_A + P_Y Y_A = I \qquad \textbf{(Eq. 7-15)}$$

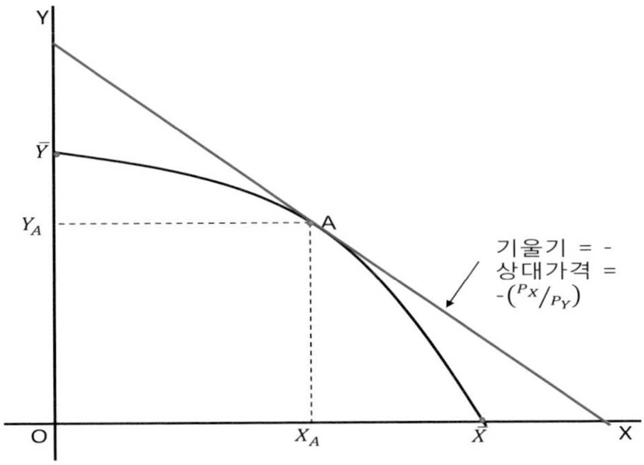

〈그림 7-6〉 생산 점과 총생산물 가치(소득)

이 식(Eq. 7-15)는 이 생산자가 사용할 수 있는 예산선(budget line)[14]이다. 흔히, 국제무역론에서는 생산자를 국가로 간주하기 때문에 이 예신선은 한 국기의 총소득 혹은 GDP(gross domestic product: 국내총생산)를 나타내는 선이라고 할 수 있다.

이제 식(Eq. 7-15)로 주어진 이 예산선에서 절편과 기울기로 관찰해 보자.

먼저, 이 예산선의 Y절편은 $\frac{I}{P_Y}$인데 이는 총소득 I(혹은 예산)를 Y재로만 표시한 것이라고 말한다. 혹은 Y재로 표시한 총소득이라고 말한다.

X절편은 $\frac{I}{P_X}$인데 이는 총소득을 X재로만 표시한 것이라고 말한다. 혹은 X재로 표시한 총소득이라고 말한다.

14 예산은 영어 Budget의 머릿글자 B로 표시하는데 이는 총소득 I와 동일하다.

에지워스-볼리 상자(Edgeworth-Bowley Box)

두 재화의 생산 기술이 다른 경우, 생산가능곡선이 원점에 대해 오목하다는 것을 설명하기 위해서는 시장의 효율성을 고려하여야 하는데 이를 소위 에지워스-볼리(Edgeworth-Bowley) 상자를 사용하여 다음과 같이 설명할 수 있다.

먼저, 한 국가에서 노동의 양과 자본의 양은 각각 $\overline{L}$, $\overline{K}$로 주어져 있다고 하자.

노동과 자본 모두 식(Eq. 7-3)과 식(Eq. 7-4)에 주어진 것처럼 완전고용 상태라고 하면, 즉 X재와 생산에는 L_X만큼의 노동량이 투입되고 Y재 생산에 투입되는 노동량은 L_Y이며, 자본은 X재 생산에 K_X, Y재 생산에 K_Y만큼 투입된다고 하면 다음과 같은 에지워스-볼리 상자를 그릴 수 있다.

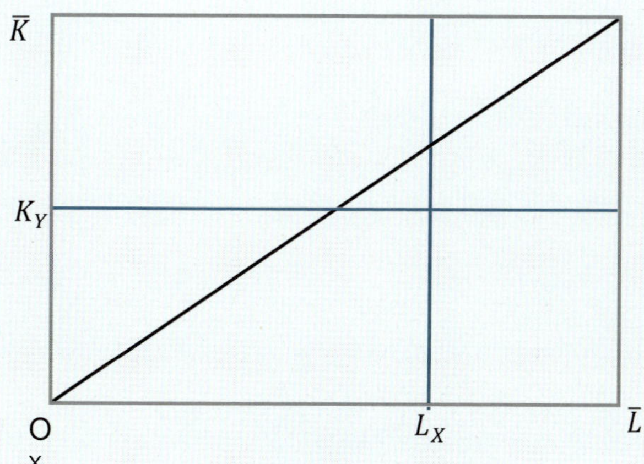

〈그림 7-4a〉 에지워스-볼리 상자

노동은 완전고용 상태이기 때문에 〈그림 7-4a〉에서 원점 O에서부터 L_X까지의 거리는 X재 생산에 투입된 노동량, L_X에서부터 $\overline{L}$까지는 Y재 생산에 투입된 노동량 L_Y를 나타낸다.

비슷한 개념으로 원점 O에서부터 K_X까지의 거리는 X재 생산에 투입된 자본량, K_X에서부터 $\overline{K}$까지는 Y재 생산에 투입된 자본량 K_Y에 해당된다. 이렇게 만들어진 에지워스-볼리 상자에서 원점에서 출발하여 그 반대쪽 원점을 연결하는 선을 그 국가의 요소부존도(factor endowment ration)라고 하는데 이는 $k = \dfrac{\overline{K}}{\overline{L}}$로 나타낸다. 요소부존도는 국민 일인당 보유하고 있는 자본량에 해당한다.

X재 생산에는 (L_X, K_X)에 해당하는 생산요소를 투입하여 X_0만큼의 X재를 생산하고, Y재 생산에는 (L_Y, K_Y)만큼의 생산요소를 투입하여 Y_0만큼의 Y 산출물이 생산된다고 하자.

나아가 X재 생산과 Y재 생산에 사용되는 생산 기술은 두 재화의 요소집적도에 의해 다르고, X재 생산은 노동집약적 생산기술에 의해 생산되며 Y재 생산은 자본집약적 생산 기술에 의해 생산된다고 하자. 이 경우 〈그림 7-4b〉에서 보는 것처럼 점 A가 생산의 균형을 형성하게 될 것이다.

〈그림 7-4b〉에서 X재 생산은 O_X를 원점으로 하고, Y재 생산은 O_Y를 원점으로 하여 각각의 등량선을 그린 경우에 해당한다.

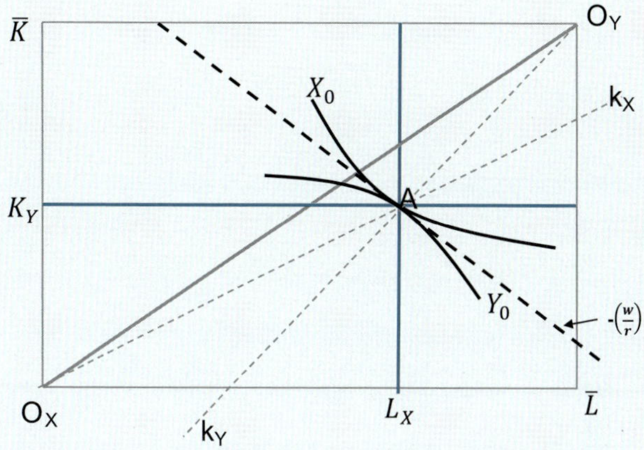

〈그림 7-4b〉 에지워스-볼리 상자와 생산자 균형

〈그림 7-4b〉에서 몇 가지 중요한 사실을 관찰할 수 있다.

- X재를 X_0만큼, Y재를 Y_0만큼 생산하는 균형점 A에서 두 재화의 등량선은 서로 접하며, 이 접하는 점에서의 각각 등량선 접선의 기울기는 등비용곡선의 기울기로 $-\left(\frac{w}{r}\right)$이다. 즉, X재와 Y재 두 등량선의 기울기는 각 등량선의 한계기술대체율을 나타내기 때문에 각 등량선의 기울기, 즉 한계기술대체율은 모두 생산요소의 상대가격과 일치한다.

  즉,

  $MRTS_{L,K}^{X} = -\left(\frac{w}{r}\right) = MRTS_{L,K}^{Y}$ 의 관계가 성립된다.

- X_0 만큼의 X를 생산하는데 투입된 X재 생산의 요소집적도 (factor intensity) $k_X = \left(\dfrac{K_X}{L_X}\right)$는 이 국가의 요소부존도 (factor endowment ratio)보다 아래와 위치하고 있다. 즉,

  $k_X < k$

- Y_0 수준의 Y를 생산하는데 투입된 Y재 생산의 요소집적도 $k_Y = \left(\dfrac{K_Y}{L_Y}\right)$는 이 국가의 요소부존도($k$) 보다 위에 위치하고 있다. 즉,

  $k_Y > k$

- $k_Y > k > k_X$ 이기 때문에 Y재가 X재 보다 더 자본집약적인 생산 기술을 사용하고 있다는 것을 알 수 있다.

〈그림 7-4c〉는 주어진 노동과 자본의 부존량이 주어진 상태에서 X재 생산과 Y재 생산을 위해 각 생산요소의 완전 고용 상태를 유지하면서도 다양한 노동과 자본의 산업별 배분을 통해 생산이 가능한 X재 생산량과 Y재 생산이 가능한 등량선을 보여주고 있다.

즉, 원점 O_X, A, B, C, D점과 원점 O_Y가 이런 점에 해당한다.

X재 생산량의 측면에서 보면 원점 O_X에서는 X재의 생산량은 0이고, 반면 모든 생산요소, 즉 노동($\overline{L}$)과 자본($\overline{K}$)이 Y 재 생산에만 투입된 경우로 $Y_{\max}$라는 등량선은 Y의 최대 생산량을 나타낸다.

동일한 논리로, 원점 O_Y는 Y재 생산은 0이며 모든 노동과 자본이 X재 생산에만 투입된 경우에 해당하며, 이 원점을 지나는 X재의 등량선 $X_{\max}$는 X재의 최대 생산량을 나타낸다.

등량선이 각 재화의 원점에서 멀어질수록 그 재화의 생산량은 더 높은 생산 수준을 나타내므로 〈그림 7-4c〉에서 X재의 생산량은 $X_3 < X_2 < X_1 < X_{\max}$ 순으로 많으며, Y재는 $Y_3 < Y <_0 < Y_2 < Y_3 < Y_{\max}$ 순으로 생산량이 많다.

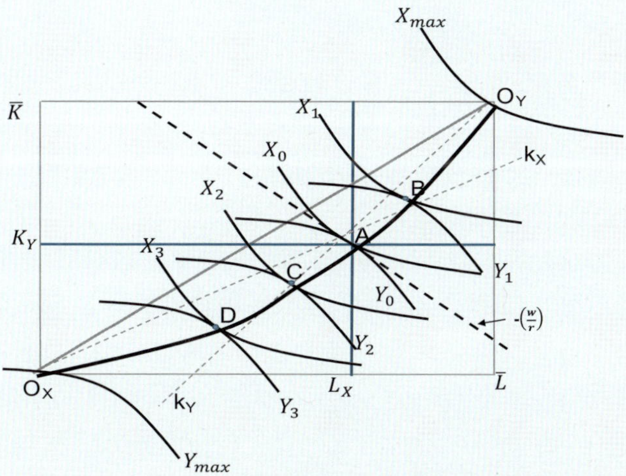

〈그림 7-4c〉 에지워스-볼리 상자와 계약곡선

X재와 Y재의 등량선이 접하는 점하는 효율적인 생산을 나타내는 O_X와 점 D, C, A, B 및 점 O_Y를 연결한 선을 **효율적인 곡선 (efficiency curve)** 혹은 **계약곡선(contract curve)**이라고 한다. 계약곡선 위의 점들은 X재와

Y 재 생산을 위한 가능한 노동과 자본의 배분 상태를 보여준다.[15]

〈그림 7-4c〉에서는 계약곡선 위의 점에서는 X재와 Y재의 생산량은 언제나 X가 노동집약적, Y재가 자본집약적이다.[16] 이는 계약곡선 위의 어느 점과 X재의 원점인 O_X을 연결하는 직선을 그으면, 이는 그 점에서의 X재의 요소집적도가 된다. 이 요소집적도가 〈그림 7-4c〉에서는 항상 원점 O_X와 원점 O_Y를 잇는 선인 요소부존도($k = \frac{\overline{K}}{\overline{L}}$)를 나타내는 대각선 아래에 위치하고 있다는 것을 알 수 있다.

반면 Y재의 경우는 원점 O_Y에서 계약곡선 위의 점을 연결하는 직선을 그으면 이는 이 점에서의 Y재 생산의 요소집적도가 된다. 이 요소집적도과 원점 O_X와 원점 O_Y를 잇는 선인 요소부존도 보다 높은 곳에 위치한다는 것을 알 수 있다. 즉, X재의 요소집적도가 Y재의 요소집적도 보다 항상 낮다는 것을 알 수 있는데 이는 X재가 노동집약적, Y재가 자본집약적이라는 의미이다.

이와 더불어 〈그림 7-4c〉에서 주어진 것처럼 계약곡선 위의 점들에 대해서 조금 더 관찰해 보자. 예를 들면 점 A에서 X재와 Y재는 동시에 생산되기 때문에 생산요소인 노동(L)과 자본(K)의 산업 간 이동이 자유로운 상태이다. 따라서 X재와 Y재 산업은 동일한 생산요소의 상대가격을 가지게 된다. 즉,

---

15 계약곡선 위의 점들은 생산요소들을 효율적으로 배분 및 활용하여 도출되는 각 재화의 산출량을 나타낸다는 조건을 충족하는 상태에서만 도출된 것이다. 하지만 정확하게 어떤 점이 선호되는 생산 점이 될 지의 여부는 수요 측면의 요소를 고려하였을 때 최종적으로 결정된다.

16 만약 계약곡선이 두 원점 O_X와 O_Y를 연결한 대각선보다 높은 곳에 위치한다면 X재는 자본집약적, Y재는 노동집약적이 될 것이다.

$$\left(\frac{w_X}{r_X}\right)_X = \left(\frac{w_Y}{r_Y}\right)_Y \rightarrow \left(\frac{w}{r}\right)_X = \left(\frac{w}{r}\right)_Y = \left(\frac{w}{r}\right) \quad \textbf{(Eq. 7-16)}$$

계약곡선 위의 모든 점들은 효율적인 생산을 의미하므로 모두 이에 상응하는 하나의 생산요소 상대가격이 존재한다.

완전경쟁 상태에서 생산자는 가격수용자(price taker)이므로 이윤 최대화(profit maximization)를 추구하는 생산자는 각 재화의 한계생산비용과 한계수입인 각 재화의 가격이 일치하는 점에서 생산을 결정한다.

즉, 효율적인 생산 점에서 다음의 조건이 충족된다.

$$MC_X = P_X = MR_X \quad \textbf{(Eq. 7-17a)}$$

$$MC_Y = P_Y = MR_Y \quad \textbf{(Eq. 7-17b)}$$

여기서 MC는 한계생산비용(marginal costs), MR는 한계수익(marginal revenues)[17]를 나타낸다.

식(Eq. 7-17a)와 식(Eq. 7-17b)로터 다음을 도출할 수 있다.

$$\frac{MC_X}{MC_Y} = \frac{P_X}{P_Y} \quad \textbf{(Eq. 7-18)}$$

17 한계수익(marginal revenues)는 생산자가 재화를 한 단위 추가로 판매할 때 얻어지는 수익(revenues)를 나타낸다. 완전경쟁의 시장 형태에서 생산자는 시장에서 결정되는 가격을 그대로 받아드리는 가격수용자이기 때문에 재화 한 단위를 추가로 판매하여 얻어지는 수입, 즉 한계수입(marginal revenues)은 재화의 가격(P)이 된다.

두 재화의 상대가격($\frac{P_X}{P_Y}$)은 생산가능곡선의 기울기, 즉 한계변환률($MRT_{X,Y}$)과 동일하므로 다음과 같은 관계가 형성된다.

$$MRT_{X,Y} = \left(\frac{P_X}{P_Y}\right) = \left(\frac{MC_X}{MC_Y}\right) \qquad \text{(Eq. 7-19)}$$

4. 소비자 효용(Utility)과 무차별곡선(Indifference Curve)

지금까지 재화의 공급과 관련하여 재화 생산, 생산자와 생산자의 균형을 고려하였다. 생산된 재화는 소비가 되어야 하므로 소비자와 소비자의 균형을 고려할 필요가 있다. 즉, 시장에서 재화의 생산(공급)과 소비(수요)가 이루어져야 시장(market)이라는 개념이 완성된다고 할 수 있다.

소비자가 재화 X와 Y를 소비하는 것은 만족, 즉 효용(utility)를 얻기 위한 것이 목적이다. 따라서 소비자가 X재와 Y재를 소비함으로써 얻는 효용은 다음과 같은 음함수 형태의 효용함수(utility function)로 표시할 수 있다.

$$U = U(X, Y) \qquad \text{(Eq. 7-20)}$$

여기서 X와 Y는 X재의 소비량과 Y재의 소비량을 각각 나타낸다.

효용함수는 음수가 될 수 없으며 소비자의 효용은 모든 재화를 더 많이 소비하면 더 높은 효용 혹은 만족감을 가지게 된다고 가정한다. 재화 소비량이 많을수록 효용이 높아진다는 것은 각 재화의 소비에 따른 한계효용(marginal utility: MU)이 양수라는 것을 의미하는 것이다. 여기서 한계효용은 소비자가 재화를 한 단위 추가로 소비할 때 얻어지는 효용의 변화량이다.

앞서 언급한 바와 같이 한계효용이라고 했으니, 이는 효용함수를 미분(엄격하게 말하면 제1차 미분)한 것이라는 의미이며 나아가 이는 효용함수의 기울기를 표시한다.

식(Eq. 7−20)에서 X재의 한계효용(MU_X)은 효용함수를 X재에 대해 편미분하여 도출한다.

$$\frac{\partial U}{\partial X} = \frac{\partial U(X, Y)}{\partial X} = U_X = MU_X \qquad \textbf{(Eq. 7–21)}$$

동일한 논리로 Y재의 한계효용(MU_Y)도 효용함수를 나타내는 식(Eq. 7−20)를 Y재에 대하여 편미분함으로써 아래와 같이 도출한다.

$$\frac{\partial U}{\partial Y} = \frac{\partial U(X, Y)}{\partial Y} = U_Y = MU_Y \qquad \textbf{(Eq. 7–22)}$$

그러나 효용(utility)은 재화 X와 재화 Y를 소비함으로써 얻게 되는 사람(소비자)의 만족도를 나타내는 것이라고 했으니 소비자의 만족도를 수치로 정확하게 표시하여 나타낼 수는 없다.

소비자 본인이 소비하는 X재와 Y재의 소비 결합(basket 혹은 bundle이라고 한다)을 가정해 보자. 예를 들면 소비자가 (X_1, Y_1)에 해당하는 X재와 Y재를 소비하여 느끼는 만족도를 10이라고 표현하면 또 다른 X재와 Y재의 소비 결합인 (X_2, Y_2)는 (X_1, Y_1) 소비 결합과 비교했을 때 더 높은 수준, 동일한 수준 혹은 낮은 수준의 만족도를 주는 판단할 수 있다. 즉, 소비자는 소비 결합에 따라 효용의 순위를 정할 수 있는데 효용의 이러한 성질을 효용의 순서 혹은 순위 결정성(ordinality)이라고 한다.

소비자는 X재와 Y재 소비에 따른 만족도인 효용은 수치로는 표현하기 어려운 일이지만 이런 과정을 통해 X재와 Y재의 다른 소비 결합들 중에서 동일한 만족도를 주는 소비 결합을 찾아낼 수 있다.

예를 들면, X재와 Y재의 소비 결합인 (X_1, Y_1)이 주는 만족도를 $U(X_1, Y_1)$이라고 하고 또 다른 X재와 Y재의 소비 결합인 (X_2, Y_2)가 주는 만족도 $U(X_2, Y_2)$와 동일하다고 가정하자. 이 경우 소비자는 두가지 소비 결합에 대해 선호도를 묻는다면 (X_1, Y_1)와 (X_2, Y_2) 결합 사이에 차별을 느낄 수 없고 따라서 소비자는 이 두 소비 결합에 대해 무차별(indifferent)하다고 한다.

이와 같이 동일한 만족도를 주는 무수히 많은 재화의 소비 결합을 찾을 수 있는데 이 점들을 연결하여 나타내는 곡선을 무차별곡선(indifference curve)이라고 말한다.

무차별곡선을 그림으로 나타내면 다음과 같이 원점에 대하여 볼록한 곡선으로 표현한다.

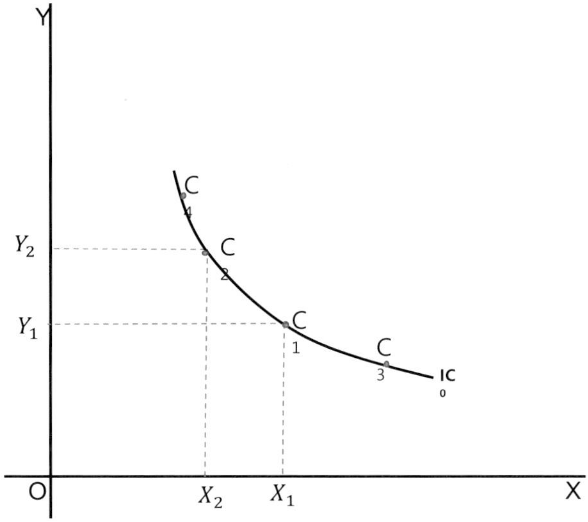

〈그림 7-7〉 효용함수와 무차별곡선

〈그림 7-7〉에는 무차별곡선 IC_0가 주어져 있다. 그림에서 보는 바와 같이 무차별곡선 IC_0 위에 있는 소비점 C_1, C_2, C_3및 C_4 네 개의 각각 다른 X재와 Y재의 소비 결합을 나타낸다. 즉, $C_1(X_1, Y_1)$, $C_2(X_2, Y_2)$, $C_3(X_3, Y_3)$ 점에서의 X재의 소비량과 Y재의 소비량은 각각 다르다. 그러나 이들 네 개의 점은 모두 동일한 만족도를 주기 때문에 소비자는 어떤 소비 결합을 선택하여 소비하든지 간에 느끼는 만족도가 동일하므로 소비자는 이들 소비 점들에 대해서 무차별하다고 할 수 있다.

효용함수는 각 재화의 한계효용이 0보다 크다고 가정하였기 때문에, 즉 $MU > 0$, 다른 재화, 예를 들면 Y재를 동일한 양만큼 소비하고 나머지 한 재화인 X재를 조금 더 소비한다고 하면, 즉 ΔX 만큼 더 소비한다고 하면 소비자는 이전 보다 당연히 더 높은 수준의 만족도를 느끼게 된다.

따라서 더 높은 수준의 소비자의 만족도는 〈그림 7-8〉에서 보는 바와 같이 무차별곡선이 원점에서 더 높은 곳에 위치한다는 의미이며 이는 원점에서 바깥으로 이동하여 더 멀어지는 것으로 표시한다. 반면 낮은 수준의 만족도는 무차별곡선이 원점에 가깝게 위치하게 된다.

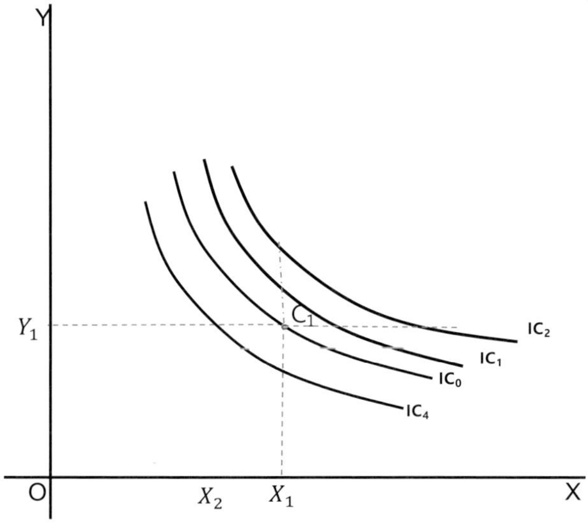

〈그림 7-8〉 무차별곡선

위의 〈그림 7-8〉에서 무차별곡선이 주는 만족도는 아래와 같다.

$$IC_4 < IC_0 < IC_1 < IC_2 \qquad \text{(Eq. 7-23)}$$

즉, IC_2에서의 만족도가 가장 높고, IC_4의 만족도가 가장 낮다.

앞선 〈그림 7-7〉에서 소비점 C_1은 IC_0수준의 만족도 혹은 효용을 준다고 가정하자.

소비 점 C_1에서 같은 만족도를 주는 또 다른 X재와 Y재의 결합인 소비 점 C_3로 이동하게 되면 소비되는 X재와 Y재의 소비 양은 변하게 되고 이에 따라 각각의 효용도 변한다.

- Y재의 소비 양이 고정된 상태에서 X재 소비 양이 dX만큼 변화했을 때 발생하는 효용의 변화는 [X재의 한계효용×X재의 변화량]에 해당한다. 즉, 아래와 같이 표현한다.

$$(MU_X) \times dX = MU_X dX \qquad \textbf{(Eq. 7-24a)}$$

- X재의 소비 양이 고정된 상태에서 Y재 소비 양이 dY만큼 변화했을 때 발생하는 효용의 변화는 [Y재의 한계효용×Y재의 변화량]에 해당하고 아래의 식(Eq. 7-24b)와 같이 나타낼 수 있다.

$$(MU_Y) \times dY = MU_Y dY \qquad \textbf{(Eq. 7-24b)}$$

X재와 Y재의 소비 양을 변화시킬 때에 이에 따른 효용이 변화하는 총 양은 앞서 언급한 바와 같이 이 X재의 소비 변화에 따른 효용의 변화 양에 Y재의 소비 변화에 따른 효용의 변화 양을 합한 것이라고 할 수 있다. 즉, 아래의 식(Eq. 7-25)와 같이 표현한다.

$$dU = (MU_X)dX + (MU_Y)dY \qquad \textbf{(Eq. 7-25)}$$

그러나 동일한 무차별곡선 상의 소비점 C_1과 C_3은 동일한 만족도, 즉 같은 수준의 효용을 주는 소비 결합이기 때문에 소비 점 C_1에서 소비 점 C_3으로의 이동하는 경우 소비자가 느끼는 효용 수준에는 변화가 없어야 한다. 즉,

$$dU = 0 \qquad \textbf{(Eq. 7-26)}$$

식(Eq. 7−26)을 반영하여 식(Eq. 7−25)를 정리해보면 다음과 같은 식을 도출할 수 있다.

$$dU = (MU_X)dX + (MU_Y)dY = 0 \rightarrow \frac{dY}{dX} = -\frac{MU_X}{MU_Y} \qquad \textbf{(Eq. 7-27)}$$

식(Eq. 7−27)은 무차별곡선 IC_0 위의 점 C_1에서의 접선의 기울기, 즉 이 점에서의 무차별곡선의 기울기라고 할 수 있다.

이 무차별곡선의 기울기를 소비에 있어서의 한계대체율(marginal rate of substitution: MRS)이라고 한다. 각 재화의 한계효용은 0보다 크다고 가정한 상태에서, 한 재화의 소비량이 증가하는 경우 증가된 재화의 소비량으로 인해 효용이 증가하므로 다른 재화의 소비량이 감소하여야 한다는 의미이다. 즉, 한계대체율은 동일한 수준의 만족도를 주기 위한 소비자의 소비 바구니에서 가능한 X재와 Y재의 대체비율(substitution rate)이라고 할 수 있다.

그러나 두 재화의 소비에 있어서의 한계대체율은 동일한 만족도를 주는 무차별곡선 위에서 X재와 Y재의 소비 결합에 따라 달라지는데, 즉 소비 점의 위치에 따라 각 점에서의 한계대체율은 다르게 나타난다.

예를 들어 〈그림 7-9〉에서 보는 바와 같이 무차별곡선 IC_0 위의 소비 점 C_2에서 C_1으로, 그리고 C_1에서 C_3로 X재와 Y재의 소비 결합을 바꾸는 경우 세 점은 모두 동일한 효용 수준을 주지만 각 점에서 접선의 기울기는 서로 상이할 뿐만 아니라 점점 완만해진다.[18] 즉, 한계대체율이 다르다는 것을 발견할 수 있다.

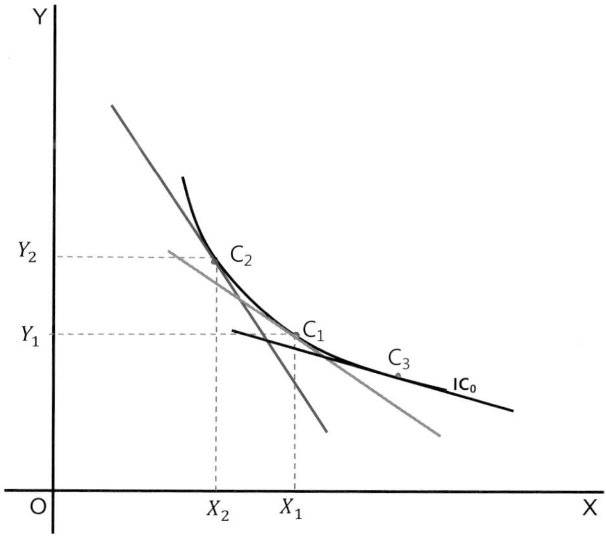

〈그림 7-9〉 무차별곡선과 한계대체율의 변화

18 기울기가 완만해지는 것은 기울기의 절대값이 점점 작아진다는 의미이다.

무차별곡선의 주요 특성을 고려해 보면 아래와 같다

1. 무차별곡선은 〈그림 7-7〉, 〈그림 7-8〉 및 〈그림 7-9〉에서 보는 것처럼 우하향 한다. 즉, 무차별곡선의 기울기는 음수이다. 이는 동일한 수준의 만족도를 유지한다는 가정 하에 특정 재화(예를 들면, 빵(X))의 소비가 늘어나면 다른 재화(예들 들면, 옷(Y))의 소비는 반드시 줄여야만 된다는 뜻이다. 이는 앞선 가정한 바와 같이 각 재화의 한계효용(marginal utility)이 양수(positive)라고 가정하였기 때문이다.

2. 높은 곳에 위치한 무차별곡선, 즉 원점에서 멀리 위치에 있는 무차별곡선일수록 소비자의 만족도는 높다. 이는 이미 〈그림 7-8〉에서 관찰한 바이며 이 역시 각 재화의 한계효용이 양수이기 때문이다. 소비자는 동일한 금액이 지출 비용, 즉 예산을 가지고 더 높은 수준의 효용을 달성할 수 있으면 더 높은 수준의 효용을 달성하는 것을 선호할 것이다. 이는 원점에서 멀리 위치하고 있는 무차별곡선에 도달할 수 있다면 그 소비의 결합을 선호한다는 의미이다.

3. 무차별곡선은 〈그림 7-7〉, 〈그림 7-8〉 및 〈그림 7-9〉에서 보는 것처럼 원점에 대해 볼록하다("indifference curve is convex to the origin"). 이는 동일한 만족도를 유지하기 위해서 소비자가 X재(빵)로 Y재(옷)을 대체한다고 가정해 보자. 이 경우 소비가 증가하는 재화(빵)의 한계효용은 점점 줄어들고 대체되는 재화(옷)의 한계효용은 증가한다는 의미이다. 이는 동일한 만족도를 주는 빵(X재)과 옷(Y재)의 무수히 많은 결합 중에서 빵의 소비량이 많아지고

옷의 소비량이 줄어들게 되면 옷의 희소가치가 점점 높아진다는 논리적인 이유에 근거하다.

4. 무차별곡선은 서로 교차하지 않는다. 이는 다음과 같이 〈그림 7-10〉을 통해 설명할 수 있다.

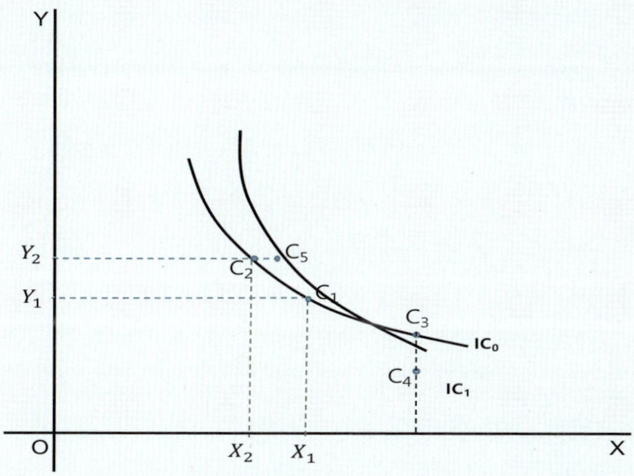

〈그림 7-10〉 무차별곡선의 교차

X재와 Y재의 소비 결합인 C_1은 소비자에게 IC_0에 해당하는 만족도를 준다고 하자. 소비 점 C_2와 C_3 역시 동일한 만족인 IC_0 위에 위치하고 있다고 하면 이 세 점들은 다음과 같은 관계를 가지고 있다. 즉, $C_1 \approx C_2 \approx C_3$로 표시할 수 있다.

만약 소비 점 C_1이 또 다른 만족도 수준을 준다고 하면, 즉 무차별곡선 IC_1 위에 놓여 있다고 가정하면 IC_0와 IC_1 이 두 개의 무차별곡선은 서로 교차하게 된다. 소비 점 C_4 및 C_5 역시 C_1와 동일한 만족도 IC_1 수준의 효용을 준다. 즉, $C_1 \approx C_2 \approx C_3$의 관계가 성립한다.

이를 논리적으로 확장해 보면 $C_5 \approx C_4 \approx C_1 \approx C_2 \approx C_3$의 관계가 형성되는데 이들 다섯 개의 모든 소비 점이 동일한 만족도 수준을 준다고 할 수 있다.

그러나 소비 점 C_3와 C_4의 위치를 비교해 보자. C_3에서의 X재의 소비량과 C_4에서의 X재 소비량은 서로 같다. 그러나 Y재 소비량은 비교해 보면 C_3에서 Y재의 소비량이 C_4에서의 Y재 소비량보다 많다는 것을 알 수 있고, 앞서 특정 재화의 소비량은 더 많으면 소비량이 적은 결합보다 선호된다고 하였으므로 $C_3 > C_4$이 되어야 한다. 즉, C_3의 결합이 C_4보다 선호되어야 한다는 뜻이다. 이는 다섯 개의 점이 모두 동일한 효용 수준을 준다는, 그래서 $C_5 \approx C_4 \approx C_1 \approx C_2 \approx C_3$가 성립된다는 앞의 논리적 결과에 위배된다고 할 수 있다.

마찬가지의 논리를 적용해서 두 점 C_2와 C_5를 비교해 보자. 소비 점 C_2에서의 Y재 소비량과 소비 점 C_5에서의 Y재 소비량과 동일하다. 그러나 C_5에서 X재의 소비량은 C_2에서의 X재 소비량보다 많다. 따라서, 소비자는 C_5를 C_2보다 선호한다. 그러나 이 또한 위에 도출된 논리적인 결과인 $C_5 \approx C_4 \approx C_1 \approx C_2 \approx C_3$, 즉 다섯 개의 소비 점 모두 동일한 만족도를 준다는 결과에 위배된다.

논리적으로 상충되는 이 결과는 두 개의 서로 다른 무차별곡선은 상호 교차할 수 없다는 것을 증명한다.

5. 무차별곡선은 <그림 7-10>에서 수평축인 X축 혹은 수직축인 Y축에는 접촉하지 않는다. 이는 각 재화의 한계효용이 양수이며 소비자는 두 재화를 반드시 소비해야 한다는 가정에 근거하고 있다. 각 재화의 소비량이 0에 가까우면 (즉, 수평축 혹은 수직축에 근접하게 되면) 0에 가까운 그 소비재의 희소가치가 무한히 커진다는 의미와 상통한다. 즉, 한계대체율이 무한히 커진다는 말이다.

5. 국가의 무차별곡선: 사회무차별곡선

국제무역이론을 분석함에 있어서 개인 보다는 국가차원에서 무역을 고려하여야 하고, 이 목적을 위해 국가 간 무역 거래를 통한 소비자 전체의 만족도 혹은 복지를 나타낸 주는 수단이 필요하다. 이를 나타내 주는 도구가 개인의 재화 소비를 통한 만족도를 표시하는 무차별곡선처럼 국가 차원에서의 만족도를 나타내주는 도구인 사회무차별곡선(community indifference curve 혹은 social indifference curve라고 함)을 보통 사용한다. 즉, 사회무차별곡선은 모든 개인의 무차별곡선과 유사한 개념으로 도출한다.[19]

---

19 사회무차별곡선은 헝가리 태생의 경제학자인 티보 스키토프스키(Tibor Scitovsky)가 1941년 제안한 개념이다. 개인의 무차별곡선과 달리 사회무차별곡선을 도출하기 위해서는 사회 선호도(community preference)가 존재하여야 하고, 이를 위해서는 레온티에프(Leontief, 1933)가 규정한 상당히 엄격한 조건이 충족되어야 한다. 예를 들면, 개인의 기호(taste)는 동조적(homothetic)이며, 소득분배는 불변 혹은 재분배에 따른 비용은 없이 효율적으로 최적으로 이루어진다는 배분의 효율성(allocative efficiency)을 가정하고 있다. 즉, 보상의 원칙(compensation principle)은 무역으로부터 이득을 얻는

이렇게 도출된 사회무차별곡선은 개인의 무차별곡선이 가지는 특성을 그대로 가지며, 사회무차별곡선의 기울기는 두 개의 재화, X재 및 Y재 간의 한계대체율(marginal rate of substitution: MRS)을 나타낸다. 즉, 다음과 같은 관계를 가진다.

$$MRS_{X,Y} = -\left(\frac{MU_X}{MU_Y}\right) \qquad \text{(Eq. 7-28)}$$

6. 예산선, 무차별곡선 및 소비자 균형

소비자가 두 개의 재화, X재와 Y재를 각 재화의 주어진 가격 P_X와 P_Y를 가지고 소비한다고 하자. 이 경우 소비자가 지불하는 총지출(total expenditure)은 다음과 같이 표현할 수 있다.

$$P_X X + P_Y Y = M_0 \qquad \text{(Eq. 7-29)}$$

여기서 X와 Y는 X재를 나타낼 뿐만 아니라 X재의 소비 양과 Y재의 소비 양을 각각 나타낸다.

식(Eq. 7-29)는 소비자가 지출한 총지출을 나타내지만 이는 소비자가 사용할 수 있는 총예산 혹은 총소득과 동일하기 때문에 이를 흔히

집단과 손해를 보는 집단을 파악할 수 있고, 손해를 보는 집단을 보조금 혹은 조세정책과 같은 보상 정책을 통해 완전하게 보상할 수 있다는 것을 가정하고 있다는 의미이다.

소비자의 예산선(budget line)이라고 부른다.[20]

소비자의 예산선과 무차별곡선을 그림으로 나타내보면 〈그림 7-11〉에서 보는 것과 같다.

소비자가 지출할 수 있는 총예산이 M_0로 주어지고, 각각의 재화인 X재와 Y재의 가격이 P_X와 P_Y로 주어진다면 이 예산선의 기울기는 식(Eq. 7-29)으로부터 식(Eq. 7-29a)와 같이 X재와 Y재의 상대가격 $(\frac{P_X}{P_Y})$으로 표시할 수 있다.

$$Y = \frac{M_0}{P_Y} - \frac{P_X}{P_Y}X \qquad \text{(Eq. 7-29a)}$$

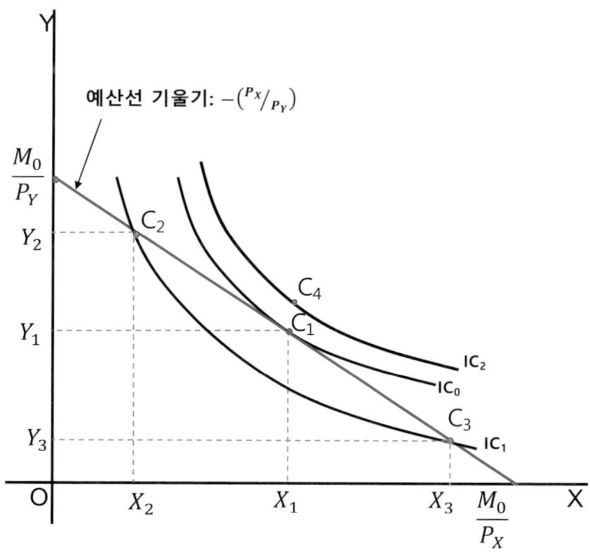

〈그림 7-11〉 예산선, 무차별곡선과 소비자 균형

20 총지출이 총소득과 같다는 의미는 미래 소비를 위한 저축을 하지 않는다는 의미이다.

〈그림 7-11〉에서 보는 것처럼, 소비자는 예산이 M_0로 주어질 때 이 예산선 위에 있는 세 점 C_1, C_2와 C_3을 소비 점으로 선택할 수 있다. 이 세 점은 동일한 예산선 위에 있기 때문에 동일한 지출 금액 혹은 예산을 나타낸다.

동일한 금액의 예산을 지출하는 C_2 혹은 C_3점 역시 소비자가 선택이 가능한 점이며, 이 두 점에서 소비자의 효용은 IC_1가 된다. 즉 소비 점 C_2에서 소비자는 (X_2, Y_2)를 소비하는 결합이고, 소비 점 C_3에서는 (X_3, Y_3)를 소비하는 결합으로 소비자는 C_2와 C_3에서 모두 IC_1 수준의 만족도를 느낀다. 즉, 소비자의 입장에서 C_2와 C_3는 상호 무차별하다. 그러나 소비자는 이 두 개의 소비 점을 선택하지 않을 것이다. 그 이유는 다음과 같다.

소비자는 주어진 예산 M_0를 다 지출하는 경우 X와 Y의 소비 양을 조정하여 더 높은 수준의 만족도를 성취할 수 있으며, 혹은 IC_1 수준의 만족도를 성취하고자 한다면 비용, 즉 예산 절감이 가능하기 때문이다.

예를 들면, 소비 점 C_3에서 X재의 소비량을 X_3에서 X_1으로 줄이고, 대신 Y재 소비량을 Y_3 수준에서 Y_1 수준으로 증가시키면 소비자는 동일한 금액의 예산선 M_0에 머물면서도 더 높은 수준의 만족도를 주는 IC_0를 달성할 수 있다. 따라서 소비자의 입장에서 보면 소비 점 C_1은 소비 점 C_3보다 소비자가 선호하는 X재와 Y재의 소비 결합이 될 것이다. 즉,

$$C_1 > C_3 \qquad \textbf{(Eq. 7-30a)}$$

〈그림 7-11〉에서 보면 소비 점 C_2를 C_1과 비교할 때도 동일한 논리

를 적용하는 것이 가능하다. 점 C_2에서 소비자는 X재 소비량 X_2, Y재 소비량 Y_2를 소비함으로써 IC_1 수준의 만족도를 달성하고 있다. 그러나 소비자는 소비 점 C_2에서 Y재의 소비량을 Y_2에서 Y_1 수준으로 감소시키고, X재의 소비량을 X_2에서 X_1으로 증가시키면, 동일한 예산 M_0를 지불하면서도 C_1점에서 소비가 가능하고, 더 높은 만족 수준인 IC_0를 달성할 수 있다. 소비자의 입장에서 보면 C_1이 C_2보다 더 선호되는 소비 결합이라고 할 수 있다. 즉,

$$C_1 > C_2 \qquad \textbf{(Eq. 7-30b)}$$

〈그림 7-11〉에 또 다른 소비 점 C_4가 주어져 있다. 소비 점 C_4는 소비자가 IC_0 수준보다 높은 IC_2의 만족도를 달성할 수 있는 소비 결합이긴 하다. 하지만 현재 주어진 예산(M_0)를 가지고는 감당할 수 없는 소비 결합이다. 따라서 소비자는 C_4를 소비 점으로 선택할 수는 없다.

이를 정리해 보면 소비자는 주어진 예산(M_0) 및 상대가격($\frac{P_X}{P_Y}$)을 가지고 가장 높이 달성할 수 있는 만족도 수준인 IC_0 달성을 위해 소비 점 C_1에서 X재와 Y재를 각각 X_1, Y_1 만큼 소비한다. 소비자가 결정하는 X재와 Y재의 소비 결합 선택은, 즉 균형은 예산선 위의 점 C_1점에서 예산선과 접하면서 이루어진다.

예산선의 기울기는 상대가격($\frac{P_X}{P_Y}$)으로 주어지고, C_1점은 예산선 위에 위치하고 있으므로 점 C_1의 기울기는 상대가격($\frac{P_X}{P_Y}$)이다. 또한 C_1점은 무차별곡선 IC_0 위에 동시에 위치하고 있는 점이므로 이 점에

서의 무차별곡선의 기울기, 즉 한계대체율(MRS)과 동일하다. 따라서 즉, 소비 점인 C_1점에서 소비가 이루어진다고 하면 다음과 같은 소비 균형조건이 충족된다.

$$p(X\text{재와 }Y\text{재의 상대가격}) \equiv \left(\frac{P_X}{P_Y}\right)$$
$$= \left(\frac{MU_X}{MU_Y}\right) \equiv MRS_{X,Y}(X\text{재와 }Y\text{재의 한계대체율})$$

(Eq. 7-31)

Chapter

VIII

무역 전 균형

국제경제와 무역론 이해를 위한
기초 개념과 기본 분석 도구

Chapter

VIII

무역 전 균형

지금까지 생산 부문에서의 균형, 소비 부문에서의 균형을 각각 고려하였다. 이제 생산과 소비를 함께 모아 국내에서 무역 전 균형, 즉 자급자족 상태(autarky)의 균형을 고찰해보고자 한다.[1]

한 국가의 생산요소 시장에서 주어진 노동과 자본 양이 있고 노동(L)과 자본(K) 각 생산요소의 가격이 각각 w와 r로 주어진 있다고 하면, 앞선 관찰하였던 것처럼 재화 X의 등량선의 기울기는 생산요소의 상대가격과 일치한다.

이 등량선의 기울기는 X재 생산에 있어서의 한계기술대체율 $(MRTS^X_{L,K} = \left(\frac{MP^X_L}{MP^X_K}\right))$이며, 이 한계기술대체율이 생산요소의 상대

1 무역 전 균형은 폐쇄 경제(closed economy) 혹은 자급자족 경제(autarky)라고 할 수 있다.

가격 (w/r)과 일치하는 것을 관찰하였다. 즉,

$$MRTS_{L,K}^{X} = \left(\frac{MP_L^X}{MP_K^X}\right) = \left(\frac{w}{r}\right) \qquad \textbf{(Eq. 8–1a)}$$

Y재 생산 역시, 생산 점에서 생산 요소의 상대 가격($\frac{w}{r}$)은 Y재 생산의 한계기술대체율($MRTS_{L,K}^{Y} = \left(\frac{MP_L^Y}{MP_K^Y}\right)$)과 일치할 것이다. 즉,

$$MRTS_{L,K}^{Y} = \left(\frac{MP_L^Y}{MP_K^Y}\right) = \left(\frac{w}{r}\right) \qquad \textbf{(Eq. 8–1b)}$$

주어진 모든 생산요소가 완전 고용 상태를 이룬다는 가정과 생산요소는 X재와 Y재 산업 간 이동이 자유롭다고 가정 한 상태이기 때문에 한 국가 내에서 생산 가능한 X재와 Y재의 조합을 나타내는 생산가능곡선(production possibility frontier 혹은 production possibility curve: PPC)을 도출하였고, 이 생산가능곡선의 기울기를 X재와 Y재 간에 존재하는 한계변환률(marginal rate of transformation: $MRT_{X,Y}$)이라고 하였다.

생산가능곡선의 기울기, 즉 한계변환률이 일정한 경우에 X재와 Y재의 생산가능곡선은 직선의 그래프로 표시되지만 한계변환률이 각 재화의 생산량에 따라 변하는 경우에는 생산가능곡선의 형태는 원점에서 오목한 형태의 생산가능곡선으로 표시된다.[2]

---

2 생산가능곡선이 원점에 대해 오목하다(concave to the origin)는 것은 한 재화 생산의 기회비용(opporrtunity costs)이 점진적으로 증가한다는 것을 나타낸다. 즉, 재화 생산의 기회비용이 증가하는 경우 생산가능곡선은 직선이 아니라 원점에 오목한 곡선으로 나타난다.

〈그림 8-1〉에서 보는 바와 같이 생산가능곡선 위의 점 A에서 생산이 이루어지는 경우 X재의 생산량은 X_A, Y재의 생산량은 Y_A이다. 이 점 A에서 접하는 생산가능곡선의 기울기, 즉 한계변환률($MRT_{X,Y}$)을 나타내며 만약 생산가능곡선을 나타내는 함수가 주어진다면 이 함수를 미분함으로써 기울기를 도출할 수 있다.

점 A에서 생산되는 재화의 총가치를 생각해 볼 수 있다. 무역이 없는 폐쇄경제 상태이므로 생산된 재화의 총가치는 국내총생산(gross domestic product: GDP)이 된다. 이를 생산요소 시장의 관점에서 바라보았을 때 X재 생산과 Y재 생산에 노동과 자본을 공급한 생산요소의 총소득이 되며 궁극적으로 이는 국내 소비자가 사용할 수 있는 예산과 동일하다. 즉,

$$P_X X + P_Y Y = I \equiv GDP \qquad \textbf{(Eq. 8-2)}$$

여기서 P_X는 재화 X의 가격, P_Y는 재화 Y의 가격을 나타내고, X는 X재화의 생산량, Y는 Y재화의 생산량을 나타낸다.

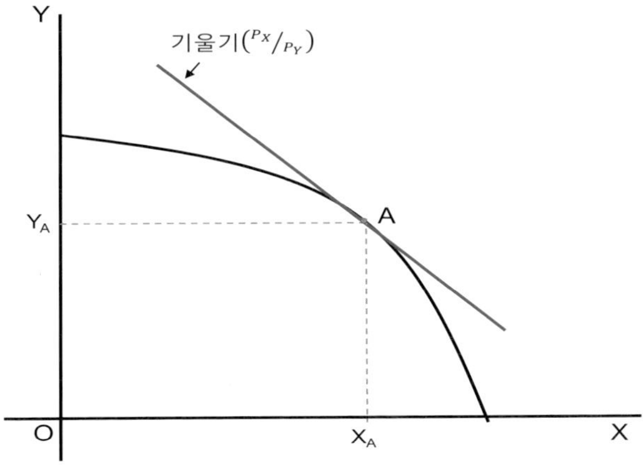

〈그림 8-1〉 폐쇄경제하에서의 생산 균형

따라서 생산가능곡선 위에 위치한 생산 점에 접하는 기울기는 X재와 Y재 간의 한계변환률이며, 식(Eq. 8-2)로 표시된 이 예산선의 기울기와 동일하다.[3]

〈그림 8-1〉에서 보는 바와 같이 폐쇄경제 상태에서는 점 A에서 생산이 이루어지게 되면 이 때 생산된 X재의 양 X_A와 Y재의 생산량 Y_A는 국내에서 모두 소비되어야 한다. 즉, 각 재화의 생산량과 소비량은 일치하여야 한다. 따라서 앞서 언급한 바와 같이, 점 A에서 생산된 X재와 Y재의 총가치는 국내총생산(GDP)이며 이는 소비자가 가용할 수 있는 예산이 된다.

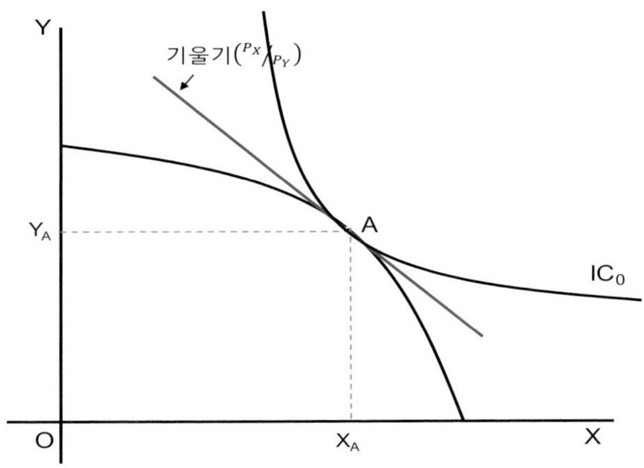

〈그림 8-2〉 폐쇄경제 하에서의 생산 및 소비 균형

이 점 A에서 생산되는 X재를 X_A만큼 소비하고 Y재를 Y_A만큼 소비함으로써 소비자는 일정한 수준의 만족도를 보이게 되는데, 이 만족도

3 국제무역론에서 이야기할 때 기울기는 음수로 나타나지만 절대값으로 표시하여 일반적으로는 양수로 표시한다.

수준을 〈그림 8−2〉와 같이 무차별곡선 IC_0로 표시하여 나타낸다.

〈그림 8−2〉에서 보는 바와 같이 생산가능곡선 상의 점 A는 생산 균형에 해당하며, 폐쇄 경제 하에서 모든 생산된 X재와 Y재는 국내에서 소비되어야 하므로 점 A는 동시에 소비 균형이 된다.

생산가능곡선 상의 점 A에서 접하는 생산가능곡선의 기울기인 한계변환률($MRT_{X,Y}$)은 두 재화 X와 Y재의 상대가격($\frac{P_X}{P_Y} \equiv p$)과 일치한다. 점 A에서 X_A와 Y_A에 해당하는 양 만큼의 X재와 Y재를 소비하여 도출되는 만족도 수준인 사회 무차별곡선 IC_0의 기울기는 한계대체율($MRS_{X,Y}$)을 나타내며, 이 무차별곡선의 기울기 역시 이 점에서 접하는 예산선의 기울기인 X와 Y재의 상대가격($\frac{P_X}{P_Y} \equiv p$)과 일치한다.

따라서 폐쇄경제 하에서의 생산물 시장과 소비 시장에서의 국내 균형은 다음과 같은 조건을 충족한다.

$$MRT_{X,Y} = \left(\frac{P_X}{P_Y}\right) = MRS_{X,Y} = \left(\frac{MU_X}{MU_Y}\right) \qquad \textbf{(Eq. 8–3)}$$

전통적인 국제무역론은 양 국가 간 무역이 발생하는 원인을 상대가격의 차이에 기인하는 것으로 보고 있음으로, 식(Eq. 8−3)에 주어진 바와 같이 무역 전 상태에서 자국(흔히, home country라고 함)과 외국(흔히, foreign country라고 함)에서 자급자족 상태에서 형성되는 생산과 소비가 균형을 이루는 상태에서 주어지는 상대가격의 차이가 있다는 것을 가정하여 출발한다. 즉,

$$\left(p^H \equiv \frac{P_X^H}{P_Y^H}\right) \neq \left(\frac{P_X^H}{P_Y^H} \equiv p^F\right) \qquad \text{(Eq. 8-4)}$$

여기서 위첨자 H와 F는 자국(Home country)와 외국(Foreign country)을 각각 나타낸다.

국제무역론은 국가 간 이 상대가격의 차이가 무엇에 의해 발생하는지 그 원인을 찾아보고, 이에 따라 무역이 발생하는 경우에 무역의 형태(산업간 무역과 산업 내 무역)를 설명하고 있으며, 양국 간 무역이 발생함으로 인해 국가 간 무역장벽이 존재하지 않는 경우에는 결론적으로 자국과 외국에서 상대가격이 일치되는 경우 발생한다. 상대가격이 일치되는 현상은 각 국에서의 생산요소 시장에도 변화를 일으키게 된다. 나아가 무역의 결과인 상대가격이 같아지며 이에 따라 양 국가 간에 전반적인 무역이득(gains from trade)이 있는 지를 설명한다.

마쿠슨과 멜빈(Markusen and Melvin, 1988)에서는 양국 간 무역이 발생하지 않는 조건을 다음과 같이 나열하고 있는데 이 조건들 중 하나씩을 완화할 때 무역이 발생할 수 있다는 점에서 중요한 고려 요소가 된다. 이 조건들은 다음과 같다

- 국가 간 동일한 생산함수
- 모든 국가들에서의 동일한 상대요소 부존도
- 수확불변의 생산함수
- 모든 국가들의 동일하고 동질적인 취향

■ 왜곡의 부재

위에 언급된 조건들이 무역이 발생하기 전, 즉 자급자족 상태에서의 국가 간에 동일한 상대가격이 형성되는 모든 조건을 나열한 것은 아니다. 따라서 위에 나열한 조건들은 무역이 발생하지 않을 충분조건(sufficient condition)이지만 필요조건(necessary condition)은 아니며, 이들 조건은 무역을 결정하는 요인들을 광범위하게 포괄하고 있다고 할 수 있다.

Chapter

IX

규모의 경제와 생산가능곡선

국제경제와 무역론 이해를 위한
기초 개념과 기본 분석 도구

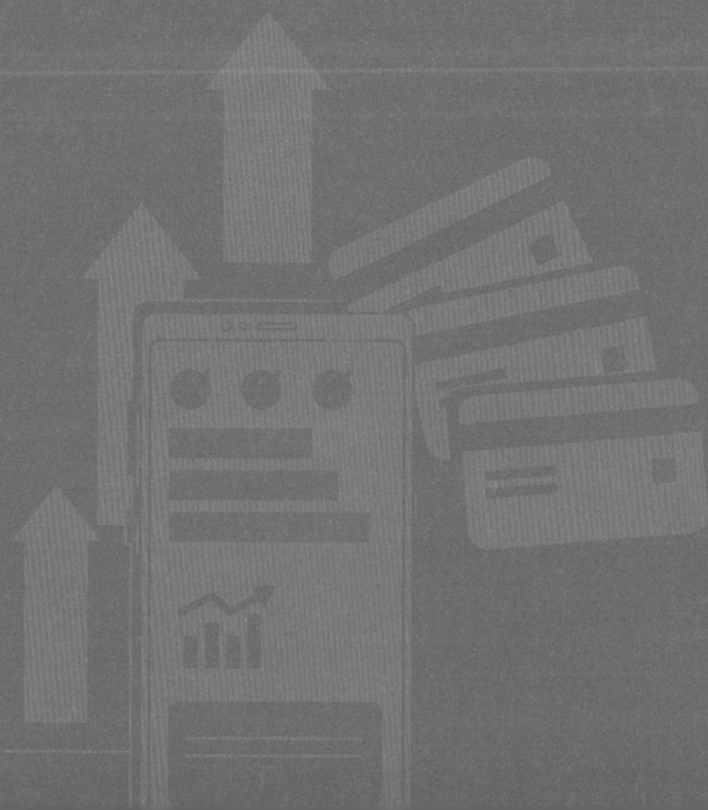

Chapter

IX

규모의 경제와 생산가능곡선

지금까지 생산가능곡선을 도출할 때 수확불변의 함수를 중심으로 고려하였다.

만약 재화의 생산함수가 규모의 경제를 보이는 경우라면 생산가능곡선은 어떤 형태를 가질 것인가? 이와 관련된 논의는 규모의 경제가 개별 기업이 속한 산업에서 발생하는 외부경제효과로 인한 경우(이를 외부규모경제, external economies of scale라고 함)와 기업에 내재된 경우(이를 내부규모경제, internal economies of scale라고 함)로 구분하여 고려할 수 있다.[1]

1 규모의 경제에 대한 개념은 영국의 경제학자 알프레드 마샬(Alfred Marshall, 1842-1924)이 처음 구분한 개념이다. 외부규모경제는 시장에 더 많은 기업이 진출함으로서 그 시장에 특화된 더 효율적인 서비스나 혹은 장비들을 사용할 수 있게 됨으로써 생산비용이 감소하는 경우이다. 외부규모경제 중에서 사과재배농장과 꿀벌의 관계는 긍정적인 외부규모경제의 대표적인 사례로 잘 알려져 있으며, 한 산업에서 수행한 생산 활동의

규모의 경제가 기업의 외부경제로 나타나는 경우 각 기업은 그 산업에 특화된 기계 혹은 서비스를 사용할 수 있게 됨으로써, 생산량을 증가시키면 전반적인 생산비용과 운영비용을 낮출 수가 있을 뿐만 아니라 효율성의 증가로 인해 단위당 변동비용, 즉 한계생산비용을 낮출 수 있다. 그러나 기업은 지금까지 고려하였던 것처럼 여전히 수확불변의 생산함수를 가지고 재화를 생산하기 때문에 전체적인 시장은 완전경쟁시장 형태를 유지하면서 산업 전체 혹은 시장 전체로는 규모의 경제를 보이는 경우이다.

반면 규모의 경제가 기업에 내재된 경우에는 앞선 생산함수와 관련된 장에서 논의한 바와 같이 기업이 생산량을 늘릴수록 평균생산비용이 감소하게 되므로 시장구조 자체가 완전경쟁의 구조보다 독점으로 변경될 가능성이 높아진다. 규모의 경제가 기업에 내재화 되는 경우의 생산가능곡선을 도출하는 것이 쉽지 않으므로 일반적으로는 국제무역론을 설명하는 기초단계에서는 기업의 생산함수에 하나의 생산요소(대부분의 경우 노동(L))만 고려한 생산함수를 사용하여 국가 간 무역발생의 원인과 무역형태 및 무역이득을 설명한다.

특히, 생산가능곡선을 그림으로 표현하기 위해 규모의 경제는 생산에 따른 생산비용적인 측면을 고려하고, 이를 통해 평균생산비용이 감소하는 형태로 생산가능곡선을 도출하는 시도를 한다.

규모의 경제가 중요한 이유는 규모의 경제를 겪고 있는 산업 혹은 기

결과로 공해가 발생하고 이로 인해 다른 산업에 부정적인 영향을 주는 외부규모불경제(diseconomies of scale)로 잘 알려진 외부규모경제의 사례이다. 내부규모경제는 시장에서 기업 수가 줄어들고 이로 인해 남아있는 기업의 생산이 증가하고 이에 따라 생산비용이 감소하는 경우이다.

업으로 인해 시장 구조가 변경될 수 있다는 가능성뿐만 아니라 국제무역이론의 관점에서 보면 모든 조건이 동일한 국가 간에도 무역이 발생할 수 있다는 사실을 설명하는데 사용할 수 있다는 것이다.

생산함수가 수확불변의 함수인 경우에 그리고 규모의경제, 엄격하게는 외부규모경제가 존재하지 않는 경우에는 자국과 외국 사이에 X재와 Y재의 상대가격($\frac{P_X}{P_Y} \equiv p$)의 차이가 요소부존도의 차이 혹은 소비 취향의 차이 등에 의해 발생한다고 가정하였고 이를 바탕으로 자국과 외국 사이에 무역이 발생할 수 있었던 것이다.

1. 외부규모경제와 생산가능곡선

규모의 경제가 산업 차원에서 발생하며, 즉 외부규모경제가 존재하며 그 산업에 속한 개별기업들은 수확불변의 함수로 생산 활동을 수행한다고 가정한다.

재화 X와 Y재를 생산하는 산업이 있다고 가정하자.

X재 산업과 Y재 산업 모두 외부규모경제가 있다고 가정한다. 이들 산업에서는 X재와 Y재의 생산량을 늘릴수록 생산량이 급격하게 증가하는 현상을 겪는다고 할 수 있다.

이 현상을 다른 각도에서 보면 모든 생산요소(노동(L)과 자본(K))를 투입하여 X재 혹은 Y재만 생산하는 경우 외부규모경제로 인해 매우 높은 수준의 X재 혹은 Y재 생산량을 달성할 수 있다. 즉, $X_{\max}$ 혹은 $Y_{\max}$는 높은 수준에서 결정된다. 그러나 이들 재화 생산을 줄이고 다른 재화를 생산을 시작하면 외부규모경제 효과로 인해 줄이려고 하는 재화의 생산은 매우 크게 감소하는 반면 새로 생산하려고 하는 재화의 생산은 상대적으로 미미한 수준으로만 증가한다는 것을 의미한다.

이와 같은 상태를 그림으로 나타내 보면 〈그림 9-1〉과 형태로 생각을 해 볼 수 있을 것이다.

〈그림 9-1〉에서는 자국에서 X재 산업이 외부규모경제를 겪고 있는 경우로 Y재 생산을 줄이면 Y재 생산에 사용되었던 생산요소가 풀려져 나오게 된다. 물론, 이 경우 Y재 생산량은 $Y_{\max}$ 수준에서 Y_1 수준으로 급격하게 줄어들게 된다. 이렇게 빠져나온 생산요소는 완전고용 상태를 유지하여야 하는 조건 때문에 동일한 양 만큼의 생산요소가 X재 생산에 투입될 것이다. 그러나 생산요소가 X재 생산에 투입될 때 X재 생산은 0에서 X_1 수준으로 미미한 양만큼 증가할 것이다. 그러나 Y재 생산을 Y_1에서 Y_2 수준으로 더 줄이고 풀려난 생산요소를 X재 생산에 투입하면 X 재 생산은 X_1에서 X_2 수준으로 더 크게 늘어날 것이다. 이와

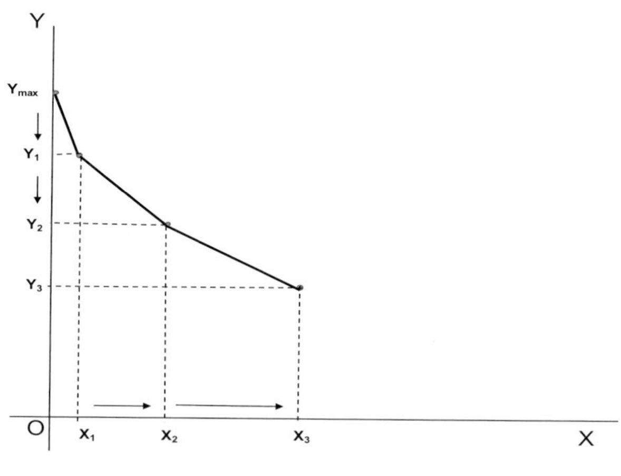

〈그림 9-1〉 규모의 경제와 생산가능곡선

같은 과정이 지속되면 이고 X재 생산량이 늘어날수록 X재가 증가하는 비율이 더 커지는 경우를 보여 준다.

동일한 개념을 Y재 생산에도 적용해 볼 수 있을 것이다.

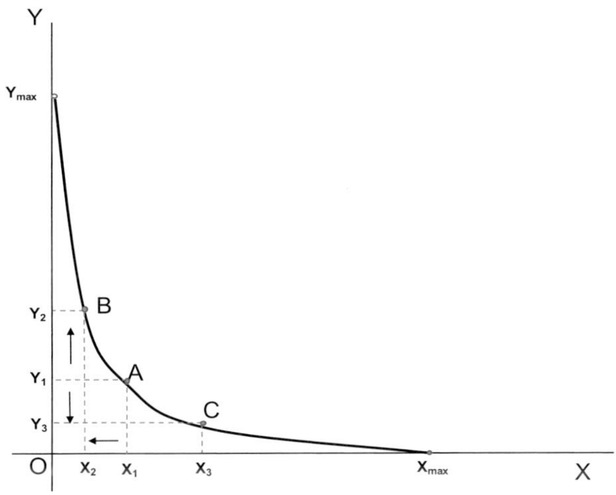

〈그림 9-2〉 X재와 Y재 모두 외부 규모의 경제를 가진 경우의 생산가능곡선

따라서 자국에서 X재와 Y재 산업 모두 외부규모경제를 가지고 있다면 이 국가에서 X 재 생산과 Y 재 생산의 생산가능곡선은 〈그림 9-2〉와 같이 원점에 볼록한 (convex to the origin〉 형태를 가지게 될 것이다.[2]

〈그림 9-2〉에 주어진 생산가능곡선은 자국이나 외국이나 모두 동일하다는 것을 염두에 두고 먼저 무역이 발생할 수 있을 것인지 그리고

2 학자들에 따라서 X재 산업과 Y재 산업이 모두 외부규모경제를 겪고 있는 경우, 〈그림 9-2〉에서 보는 바와 같이 항상 각 재화의 모든 생산 수준에서 원점에 볼록한 형태의 생산가능곡선을 가질 것인가 혹은 생산가능곡선의 형태에 대한 논란이 있는 것이 사실이다 (Wang, 2001 참조). 그러나 이런 생산가능곡선의 형태의 논란에도 불구하고 완전 동일한 국가 간에도 규모의 경제가 존재하는 경우 무역이 발생할 수 있다는 논지를 위해서 이 측면은 크게 중요하지 않다고 할 수 있다.

무역이 발생한다면 자국과 외국 모두 무역을 통해 이득을 챙길 수 있을 것인지에 대한 질문을 던지는 것이 필요하다.

2. 기업 내부규모경제와 생산가능곡선

1) 기업의 내부규모경제와 생산비용

기업이 생산 활동에서 내부규모경제를 겪고 있다는 사실은 생산 규모가 증가할수록 기업의 평균생산비용이 감소한다는 것을 염두에 두어야 한다. 이는 일반적으로 기업이 생산을 시작할 때 생산 규모가 0이더라도 지불해야 하는 고정비용(fixed costs)이 있다는 것을 의미한다. 즉, 기업은 생산을 시작하기 위해서는 생산 수준이 0이라 하더라도 비용을 지불해야 한다는 뜻인데 이런 개념을 이해하기 위해 일정 수준의 생산요소가 투입된 이후에야 생산이 가능하다는 개념으로 이해해서 생산가능곡선을 도출한다.

이를 조금 더 명확하게 하기 위해서 특정 재화 X를 생산하는 기업은 생산을 시작하기 위해서 일정 수준의 고정비용(fixed costs: F)를 부담하고, 생산이 시작될 때 마다 생산 한 단위 당 추가적인 생산에 대해 m이라는 일정한 비용을 추가로 부담한다고 하자. 이 때 m을 기업의 한계생산비용(marginal cost of production)이라고 한다. 이 기업의 총생산비용(total costs of production) 함수는 다음과 같이 표현할 수 있다.

$$C = F + mX \qquad \text{(Eq. 9-1)}$$

여기서 C는 X재 생산에 따른 총생산비용, F는 고정비용을 나타내며, m은 X재 생산의 한계생산비용으로 생산 수준에 상관없이 일정하고, X는 재화 X의 생산 수준을 나타낸다.

식(Eq. 9-1)에서 X 재화 한 단위 당 생산비용, 즉 평균생산비용(average costs of production: AC)을 다음과 같이 도출할 수 있다.

$$AC \equiv \frac{C}{X} = \frac{F+mX}{X} = m + \frac{F}{X} \qquad \textbf{(Eq. 9-2)}$$

규모의 경제를 실현하는 기업은 시장구조 면에 있어서 독점의 성격을 가지게 되는데 이와 같은 시장에서 기업이 직면하는 수요는 일반적인 수요 곡선과 마찬가지로 우하향한다. 이 때 이 독점기업이 가지게 되는 한계수익(marginal revenues: MR) 곡선 역시 우하향[3]하며 수요곡선 아래에 위치한다.

독점기업의 한계수익곡선이 우하향하게 되는 것은 시장에서 기업이 생산하는 재화를 더 판매하려고 하면 그 재화의 가격을 낮추어야할 뿐만 아니라 기존에 높은 가격에 판매되었던 재화들의 가격 또한 낮추어서 판매되기 때문이다.

완전경쟁의 시장에서 기업은 가격수용자이기 때문에 이윤을 최대화하려고 하는 기업의 생산 결정, 즉 이윤최대화를 위한 생산 결정은 한 재화를 추가로 생산할 때 부담하는 한계비용(marginal cost: MC)과

3 독점기업이 추가적으로 재화를 한 단위 더 소비자에게 팔기 위해서는 기존의 가격보다 낮은 수준에서 판매를 하여야 한다는 뜻이고, 이는 독점기업의 한계수익곡선이 우하향하는 결과로 이어진다. 나아가 이로 인해 전체적인 평균수익(average revenues) 또한 낮아지게 되므로 궁극적으로 독점한계수익곡선은 수요곡선보다 아래에 위치하게 된다.

이 재화를 판매함으로써 발생하는 한계수익(marginal revenues: MR)이 일치하는 점에서 생산 결정이 이루어진다. 완전경쟁시장에서 기업이 한 재화를 한 단위 추가 생산하여 벌어들이는 수익은 그 재화의 시장가격(P)와 일치한다. 그 이유는 완전경쟁시장에서 기업은 단순히 가격수용자(price taker)로서 기업이 생산하는 제품의 시장가격에 영향을 미치지 못하기 때문이다.

완전경쟁시장에서는 기업의 한계생산비용=한계수익=재화가격의 관계가 형성된다. 즉,

$$MC = MR = P \qquad \textbf{(Eq. 9-3)}$$

독점시장의 기업 역시 이윤을 최대화하려고 하기 때문에 독점기업 역시 한계비용과 한계생산이 일치하는 점에서 생산 결정을 한다. 그러나 독점기업은 시장 지배력, 즉 시장에서 형성되는 재화의 가격에 영향을 미칠 수 있기 때문에 재화의 가격을 한계비용과 한계생산이 일치하는 수준보다 더 높은 수준에서 결정한다. 즉,

$$MC = MR < P \qquad \textbf{(Eq. 9-4)}$$

식(Eq. 9-2)와 식 (Eq. 9-4)를 통해 한 가지 분명한 것은 규모의 경제를 경험하고 있는 독점기업에게 있어서는 재화의 시장가격(P)은 항상 한계생산비용($MC = m$) 보다 크다는 사실이다.

$$m = MC = MR < P \qquad \textbf{(Eq. 9-5)}$$

물론, 이 경우에도 이 독점기업에 의해 재화의 생산이 이루어지게 만드는 가격을 설정하면 생산을 위한 가격의 최소 수준은 재화 생산의 평균생산비용(average costs of production: AC) 혹은 그 이상이라는 조건이 충족되어야 할 것이다. 즉, 독점시장에서 생산이 이루어지기 위해서는 다음과 같은 상황을 관찰할 수 있다.

$$P \geq AC \qquad \textbf{(Eq. 9-6)}$$

그 이유는 독점기업이 생산하는 재화의 시장가격 P가 평균생산비용보다 작으면, 즉 $P < AC$이면 독점기업은 그 생산 수준에서 적자를 보기 때문에 생산을 하지 않을 것이기 때문이다. 따라서 독점기업은 생산을 중단하던가, 혹은 생산량을 더 증가하여 평균생산비용을 낮추려고 시도할 것이다.

기업이 시장으로의 진출이 자유롭다고 가정한다면 이 만약 독점기업이 있는 시장에서 이윤이 발생하는 경우, 즉 $P > AC$인 경우는 시장에 다른 기업이 진출하려고 시도하게 될 것이다.[4] 따라서 시장이 경합적인 경우, 독점기업의 이윤극대화를 위한 생산 결정은 가격과 평균생산비용이 일치하는 점, 즉 $P = AC$에서 생산이루어지도록 재화 X의 생산량을 늘리게 될 것이다.

이 경우에도 앞서 식(Eq. 9-45)에서 언급한 바와 같이 가격은 X 재기업의 한계 비용 m 보다 높은 수준이 될 것이다. 즉,

4 이와 같이 독점시장이지만 다른 기업의 진출에 대한 위협이 있는 시장을 경합적시장(contestable market)이라고 한다.

$$m = MC = MR < P = AC \qquad \text{(Eq. 9–7)}$$

2) 규모의 경제와 생산가능곡선

기존의 상황과 마찬가지로 자국은 X재와 Y재를 생산한다고 가정하자. 물론, 자국과 외국은 모든 면에서 '완전동일(identical)'하기 때문에 여기에 제시되는 상황은 자국과 외국 모두에게 적용되는 현상임을 인지하는 것이 필요하다.

여기서 X재를 생산하는 기업은 내부규모경제를 가지고 있는 반면 Y재는 수확불변의 함수에 의해 생산이 된다고 가정하자.

이 경우 X 재 산업에 있는 기업의 생산비용 함수는 고정비용과 일정한 한계생산비용을 가진 식(Eq. 9–1)과 같이 주어질 것이며, 이 기업의 이윤극대화를 위한 생산 결정을 충족시키는 조건은 시장가격은 한계생산비용보다 크지만 평균생산비용과는 동일하다고 할 수 있다. 즉,

$$m = MC = MR < P = AC \qquad \text{(Eq. 9–7)}$$

Y 재 산업은 수확불변의 생산함수와 규모의 경제가 존재하지 않기 때문에 Y재 산업에 속한 기업의 이윤극대화 조건은 식(Eq. 9–8)를 충족할 것이다.

$$MC = MR = P = AC \qquad \text{(Eq. 9–8)}$$

단순화를 위해 자국과 외국 모두 생산 요소는 노동(L)뿐이라고 가정하고, 이 국가에 주어진 노동부존량($\overline{L}$)은 X재 산업과 Y재 산업에 투입되어 완전 고용을 이룬다고 하자. 즉

$$L_X + L_Y = \overline{L} \qquad \textbf{(Eq. 9-9)}$$

여기서 L_X는 X재 생산에 투입된 노동량, L_Y는 Y재 생산에 투입된 노동량을 나타낸다.

Y 재 산업이 수확불변의 함수에 의해 생산되며 시장형태는 완전경쟁시장이다. 생산요소가 노동(L)만 있는 경우이므로 Y재의 생산함수를 다음과 같은 단순한 형태로 표현할 수 있다.

$$Y = L_Y \qquad \textbf{(Eq. 9-10)}$$

Y재의 가격을 P_Y라고 하고 $P_Y = 1$이라고 하면, 우리는 Y재를 비교 기준 재화 혹은 기준재(numeraire)라고 부른다.

Y 재 산업에서 노동의 가격인 임금(w)을 고려해 보면 임금은 Y 재 산업에서의 노동의 한계생산성(MP_L^Y)과 그로 인해 생산되는 생산물 Y재의 가격(P_Y)을 곱한 노동생산성가치(value of marginal product of labor: VMPL)와 일치할 것이다. 이를 다음과 같은 식(Eq. 9-11)으로 나타낼 수 있다.

$$w = \left(MP_L^Y\right) \times P_Y \equiv VMPL^Y \qquad \textbf{(Eq. 9-11)}$$

식(Eq. 9-9)로부터 Y재 산업에서의 노동의 한계생산성은 다음과 같이 구한다. 즉,

$$MP_L^Y = \frac{dY}{dL} = \frac{dL_Y}{dL} = 1 \qquad \textbf{(Eq. 9-12)}$$

Y재의 가격 P_Y는 Y재가 기준재라고 가정하였기 때문에, 즉 $P_Y = 1$이기 때문에 임금을 결정하는 식(Eq. 9-11)에 따라 1이 된다. 즉,

$$w = VMPL^Y \equiv \left(MP_L^Y\right) \times P_Y = 1 \times 1 = 1 \qquad \textbf{(Eq. 9-13)}$$

이제 내부규모의 경제를 보이는 X재 산업을 고려해 보자.

여전히 생산요소는 노동(L)만 있는 상태이며, 동질적인 생산요소인 노동의 산업 간 이동은 자유롭다. 만약 X재를 생산하는데 필요한 노동의 양이 L_X라고 한다면 X재 생산을 위한 총생산비용($C(X)$)은 다음과 같이 표현할 수 있다.

$$C(X) = w \times L_X = 1 \times L_X = L_X \qquad \textbf{(Eq. 9-14)}$$

X재를 생산하기 위해서는 고정비용(fixed costs: F)을 부담하여야 한다. X재 산업의 한계생산비용(marginal cost: MC)은 m으로 일정하다고 가정하면 X재를 생산할 때 부담하는 총생산비용($C(X)$)은 다음과 같은 식으로 표현할 것이다.

$$C(X) = F + mX \rightarrow L_X = F + mX \qquad \textbf{(Eq. 9-15)}$$

자국이 보유하고 있는 모든 노동(노동부존량, $\overline{L}$)을 투입하여 생산할 수 있는 Y재의 최대 생산량을 $Y_{\max} = \overline{Y}$ 라고 하자. Y재의 최대 생산량($Y_{\max}$)은 식(Eq.9–10)를 사용하여 아래와 같이 표현할 수 있다.

$$Y_{\max} = \overline{Y} = \overline{L} \qquad \textbf{(Eq. 9-16)}$$

모든 노동을 투입하여 생산할 수 있는 X재의 최대 생산량은 $X_{\max} = \overline{X}$ 라고 하자.

이를 바탕으로 이 국가 내에서 X재와 Y재의 생산 결합을 나타내는 생산가능곡선을 도출해 보면 다음 〈그림 9–3〉처럼 표현할 수 있다.

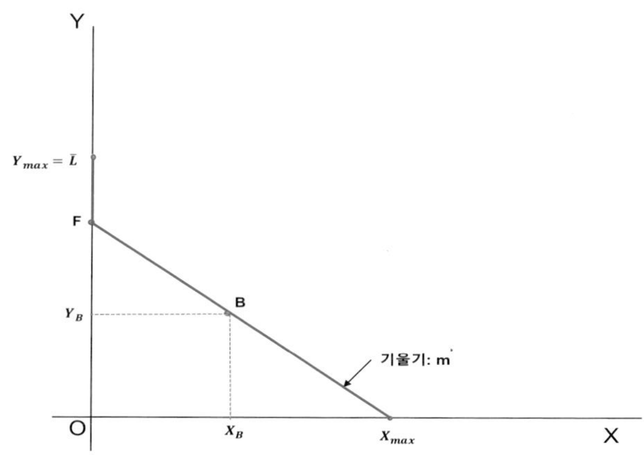

〈그림 9–3〉 규모경제를 가진 X재와 수확불변의 Y재의 생산가능곡선

〈그림 9-3〉에서 보는 바와 같이 자국은 X재를 X_B 만큼 생산한다고 가정하면 이는 수량은 $FX_{\max}$ 선 위의 점 B로 표시할 수 있고, 이 때 생산되는 Y재의 생산량은 Y_B가 된다. 물론 X_B에 해당하는 수준의 X재를 생산하기 위해서는 지불한 고정비용은 $Y_{\max}F$ 혹은 $\overline{L}F$에 해당한다. 즉, $\overline{L}F$에 해당하는 고정비용을 지불하기 위해서 Y재의 생산량 역시 $\overline{L}F$만큼 감소하였다.

점 B에서의 평균생산비용(average costs of production: AC)을 다음과 같은 방법으로 구한다.

먼저, X재를 X_B 만큼 생산하기 위해서 투입된 노동의 양을 L_X라고 한다면 이 때 X 재 생산의 총생산비용은 (노동투입량×임금)이 될 것인데 이는 아래의 식(Eq. 9-17)이 된다.

$$C(X) = L_X \times w = L_X \qquad \textbf{(Eq. 9-17)}$$

여기서 임금(w)은 기준재인 Y재를 생산하는 노동생산성가치로 식(Eq. 9-13)에 의해 1로 주어져 있음.

식(Eq. 9-17)로부터 점 B에서 X_B 수준만큼의 X재를 생산할 때 X재 생산의 평균생산비용($AC_X = \dfrac{C(X)}{X}$)는 다음과 같이 식(9-16)으로 도출할 수 있다.

$$AC_X \equiv \frac{C(X)}{X_B} = \frac{wL_X}{X_B} = \frac{L_X}{X_B} = \frac{\overline{L} - L_Y}{X_B} = \frac{Y_{\max} - Y_B}{X_B}$$

(Eq. 9-18)

이를 그림으로 표현하면 〈그림 9-4〉에서와 같이 표현된다.

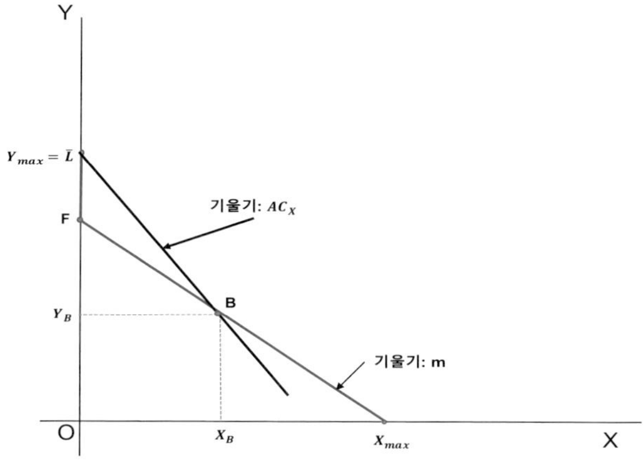

〈그림 9-4〉 내부규경제를 가진 X재와 수확불변의
Y재의 생산가능곡선 및 X 재 평균생산비용곡선

〈그림 9-4〉에서 보는 바와 같이 X재를 X_B 만큼 생산할 때 평균생산비용(AC_X)은 Y재의 최대 생산 점인 $Y_{\max} = \overline{L}$에서 점 B를 통과하는 직선으로 표현할 수 있다. 이 그림에서 보는 바와 같이 내부규모경제를 가진 X재의 평균생산비용곡선(AC_X)의 기울기는 X재 생산의 한계생산비용곡선의 기울기 m보다 크게 나타나고 있다. 즉, 평균생산비용(AC_X)이 한계비용보다 큰 경우로 다음과 같은 관계가 성립한다.

$$AC_X > m \qquad \textbf{(Eq. 9-19)}$$

점 B에서 X재와 Y재를 각각 (X_B, Y_B) 만큼 생산하고 있을 때, X재의 가격(P_X)이 X재의 평균생산비용과 동일하다면, 즉 $P_X = AC_X$

라면 X재 생산에서 이윤은 발생하지 않을 것이다. 이 경우 X재의 가격(P_X)은 평균생산비용곡선의 기울기와 동일하며. 여기서 한 가지 눈여겨 볼 것은 생산균형점, 즉 (X_B, Y_B)를 통과하는 선은 예산선 혹은 국내총생산(GDP)이 선, 즉 예산선이 된다는 것이다.[5] 이 예산선의 기울기가 X재의 가격(P_X)과 동일하다. 그러나 X재 산업에서 이윤이 발생한다고 가정한다면 예산선의 기울기는 보다 더 가파르게 나타나고 식(Eq. 9-20)같은 관계를 보일 것이다.[6]

$$AC_X < P_X \qquad \textbf{(Eq. 9-20)}$$

이를 그림으로 표현하면 〈그림 9-5〉와 같이 나타낼 수 있다. 이 때 Y축에 표시되는 $GY_{\max}$에 해당하는 거리는 독점기업의 독점이윤을 Y재로 표시한 것이라고 할 수 있다.[7]

이와 같이 독점이윤이 있는 경우 만약 점 B에서 소비자의 무차별곡선을 표시하게 되면 이 무차별곡선은 점 B에서 기울기인 상대가격P_X를 가진 예산선에 접하게 될 것이다. 따라서 무차별곡선의 기울기(P_X)는

---

5 점 B에서의 국내총생산, 즉 예산은 $P_YY_B + P_XX_B = I$가 될 것이고 Y재가 기준재이기 때문에 $P_Y = 1$이다. 따라서 이 예산선의 기울기는 $\left(-\frac{P_X}{P_Y}\right) = -P_X$가 되고, 이는 X재와 Y재의 상대가격($p$)이 P_X가 된다.

6 X재 산업이 독점의 시장구조를 가지고 있기 때문에 이 가정은 충분히 상상해 볼 수 있는 가정이다.

7 점 B에서 생산이 이루어지는 경우 X재의 평균생산비용AC_X과 X재와 Y재의 상대가격 p가 P_X로 같았을 때는 독점기업의 이윤은 0이었기 때문에 GDP를 Y재로 표시한 것이 $Y_{\max}$에 해당하였지만 $AC_X < P_X$인 경우 독점기업에는 독점이윤이 발생하였고 이 경우 점 B의 GDP를 Y재로 표시하면 G가 된 것이다. 따라서 $GY_{\max}$는 독점기업의 독점이윤에 해당한다.

평균생산비용곡선 을 이 곡선을 통과하게 된다.

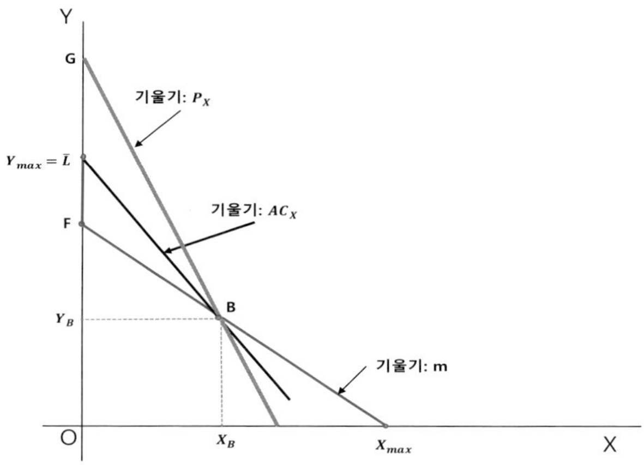

〈그림 9-5〉 규모의 경제를 가진 X재 산업에서
독점이윤이 있는 경우의 평균 생산 비용선과 가격선

그러나 만약 X재 산업에서 이윤이 발생하는 경우 시장으로의 진입이 가능하다고 한다면, 즉 X재 시장이 경합적(contestable)이라면 X재의 가격 P_X와 X재의 평균생산비용(AC_X)은 동일할 것이다. 즉, 〈그림 9-4〉에서 평균생산비용(AC_X)과 예산선의 기울기는 동일하게 되어 다음의 관계가 형성된다.

$$AC_X = P_X \qquad \textbf{(Eq. 9-21)}$$

참고문헌

국제경제와 무역론 이해를 위한
기초 개념과 기본 분석 도구

참고문헌

김남희. 2004. 매개변수 개념의 교수-학습에 관한 연구. 『수학교육연구』. 14(3), 305-325.

Chiang, Alpha C. 1974. *Fundamental Methods of Mathematical Economics.* McGrawHill. (2nd edition)

Hart, Neil.1996. Marshall's theory of value: the role of external economies. *Cambridge Journal of Economics* 20, pp. 353-369.

Mert, Merter. 2016. A note on the relationship among the shape of the production possibility frontier, 'returns to scale' and 'returns to factors' under Cobb-Douglass production function. *Studies in Microeconomics* 4(2), pp. 173-184.

Leontief, Wassily. 1933. The use of indifference curves in the analysis of foreign trade. *Quarterly Journal of Economics* 57(3), pp. 493-503.

Markusen, James R. & Melvin, James R. 1988. *The Theory of International Trade.* Harper & Row.

Salvatore, Dominick. 2007. *International Economics.* John Wiley & Sons. (9th edition)

Södersten, Bo & Reed, Geoffrey. 1994. *International Economics.* Macmillan. (3rd edition).

Stolpher, Wolfgang F. 1950. A method of constructing community indifference curve. *Swiss Journal of Economics and Statistics* 86(2), pp. 150–157.

Tower, Edward. 1979. The geometry of community indifference curves. *Review of World Economics* 115, pp. 680–700.

Wang, Kar-yiu. 2001. Curvature of the production possibility frontier under external economies of scale; Was J. Tinbergen Wrong? Mimeo

(https://faculty.washington.edu/karyiu/papers/VRS-CUR.pdf)

저자소개

국제경제와 무역론 이해를 위한
기초 개념과 기본 분석 도구

저자소개

서정수

서정수 교수는 2007년 하반기부터 대구 계명대학교 경제통상학부 국제통상학전공에 재직하고 있다. 서울대학교 국제경제학과를 졸업한 후, 호주 뉴사우스웨일스 대학교 경제학부에서 석사와 박사학위 취득 후 2007년 상반기까지 호주 캔버라의 국방대학(Australian Defence Force Academy) 비즈니스 학부(School of Business)에서 교수로 재직하였다. 현재 계명대학교 Keimyung Adams College 학장을 맡고 있다.

외국인 직접투자와 무역, 해운물류와 무역, FTA와 FTA의 활용이 한국의 산업경쟁력에 미치는 영향 등의 국제경제학과 국제지역학 관련 분야가 주된 연구 관심 분야로 해당 분야에 여러 편의 논문을 발표하였으며, 다수의 편서와 역서 발간 등의 연구 활동을 수행하였다. 2011년부터 2020년 2월까지 계명대학교에서 국제협력단장, KAC 학장 등을 역임하였고, 2014년부터 실크로드에 관심을 가지고 계명대학교 실크로드 중앙아시아연구원에 몸을 담았으며, 2015~2019년 부원장과 원장직무를 수행하였다.